福建省示范性普通高中丛书

丛书主编——李迅

办学生喜欢的学校

厦门大学附属实验中学 编

海峡出版发行集团 | 福建教育出版社

图书在版编目（CIP）数据

办学生喜欢的学校/厦门大学附属实验中学编. —福州：福建教育出版社，2024.12. —（福建省示范性普通高中丛书/李迅主编）. —ISBN 978-7-5334-9999-0

Ⅰ.G639.285.73

中国国家版本馆 CIP 数据核字第 2024ML3153 号

福建省示范性普通高中丛书
丛书主编　李迅
Ban Xuesheng Xihuan De Xuexiao
办学生喜欢的学校
厦门大学附属实验中学　编

出版发行	福建教育出版社
	（福州市梦山路 27 号　邮编：350025　网址：www.fep.com.cn）
	编辑部电话：0591-83763162
	发行部电话：0591-83721876　87115073　010-62024258）
出 版 人	江金辉
印　　刷	福州印团网印刷有限公司
	（福州市仓山区建新镇十字亭路 4 号）
开　　本	710 毫米×1000 毫米　1/16
印　　张	12
字　　数	179 千字
版　　次	2024 年 12 月第 1 版　2024 年 12 月第 1 次印刷
书　　号	ISBN 978-7-5334-9999-0
定　　价	45.00 元

如发现本书印装质量问题，请向本社出版科（电话：0591-83726019）调换。

"福建省示范性普通高中丛书"编委会

丛书主编：李　迅

丛书副主编：余志丹　江金辉

丛书编委：陈　欣　龙超凡　魏建龙　任延延

本书编写团队

第一章　张自科　李志源　义　娟

第二章　陈艺伟　周永春

第三章　张　静　钟宜福

第四章　廖建勤　杨　越

第五章　原　强　江振武

第六章　陈永民　邱　云

第七章　刘炀宾　黄耿阳　廖绍伟

编辑校对：邱　云　林鹤韵　孙胜男

丛书序

高中应让孩子一生热爱

经历世间种种者回顾起自己的高中阶段，常常有"平生不会相思，才会相思，便害相思"之感。高中阶段是一个人身心发展、自我意识和能力提高、思想观念进一步丰富的重要时期，深刻且难忘。就人才培养全过程而言，这也是非常关键的阶段，因此，"谁掌握了高中，谁就掌握了未来"！

福建省历来重视教育，前人留下"独中青坑"的佳话。当代福建中学教育更能有效帮助学生德智体美劳全面、健康、可持续发展，"高考红旗"的美誉就蕴含着社会各界对福建教育的充分肯定。新时期福建高中教育如何守正创新、勇毅前行？基于这一思考，福建省系统构建高中教育的发展，从达标到示范，从县域高中提质到乡村高中固本，从特色高中到综合高中等进行全面规划。其中，"培育创建示范性普通高中"是推进普通高中高质量发展的重要举措。

2016年4月，福建省人民政府办公厅印发《福建省"十三五"教育发展专项规划》（闽政办〔2016〕67号），要求巩固提高普通高中发展水平、着力推进优质高中建设、推动高中多样化特色发展，明确"重点建设一批高水平、高质量的示范性高中"，提出"到2020年，省级示范性高中达35所左右、若干所高中进入全国一流行列，省一级达标高中和示范性高中在校生比例达45%左右"。

2017年11月，福建省教育厅发布的《关于遴选培育福建省示范性普通高中建设学校的通知》（闽教基〔2017〕53号）提出：通过培育省级示范性普通高中建设学校，进一步强化立德树人根本任务，进一步创新教育管理机制，进一步深化课程教学领域改革，强化内涵建设，有效提高人才培养质量和办学水平，建设形成内涵深厚、质量优异、特色鲜明、高考综合改革成果突出、社会公认、辐射带动作用显著的省级示范性普通高中35所左右，其中若干所教育教学改革取得重大突破，成为有全国影响力的知名高中。

经各地市推荐，2018年福建省教育厅将44所学校立项为首批示范建设高中，建设周期为2018年至2021年；强调学校应在办学理念实践、学校文化创建、教师专业发展、体育与健康教育、社会服务、特色发展等方面充分发挥示范作用，引领全省普通高中多样化有特色发展，力争在教育教学、教育管理等方面改革取得重大突破，发展成为有全国影响力的品牌高中，若干所跻身国际知名高中行列；要求坚持开放办学理念，立足当地、影响全市、辐射全省，每所示范建设高中须重点选择省内不超过4所公办普通中学开展对口帮扶（帮扶期与示范高中培育建设期同步），提高公办独立初中与公办薄弱高中办学水平，实现示范高中建设效益最大化。同时明确，项目建设实行"省级统一指导、市县协调推进、学校具体实施"的管理体制，按照"一校一案"组织实施；预发《福建省示范性普通高中建设学校过程评价及确认评估指标（试行）》，适时组织专家组进行过程性指导与评价。

省教育厅决定探索学校教育综合评价新路，提出"评估必须利于所有高中学校的真正发展"的基本原则，组成的评估组必须以"不找学校报材料、不给学校增负担"为要求，构建"大数据搜集、多维度分析、分层级对标"模式，提高监测评估信息化水平，适时开展调度评析，主要指出各学校在培育过程存在的问题，以进一步提升学校内涵。评估开展前期，省教育厅邀请华东师范大学等高校的教育专家对此项工作进行了实地且系统的指导，于2020年1月正式组建"福建省示范性高中研究组"（即评估组），成员由省教育科学研究所、省普通教育教学研究室、省电化教育馆等研究机构相关专业人员组成；在省教育厅全过程指导下，福建省示范性高中研究组对示范性高中项目建设开展常态化监测评估，召开中期或阶段或年度评估过程协调会议，及时指导学校有的放矢地发展，适时提交相关报告供决策参考。

2022年，确认30所学校高中部为"福建省首批示范性高中"，示范期为三年（2022年至2024年），在示范期满后结合示范辐射情况重新予以评估确认，其余14所暂未认定的示范建设高中继续推进示范创建工作，在一年后视建设推进情况再行组织评估审核确认工作。同年，15所学校被立项为第二批示范建设高中，建设周期为2022年至2025年。

新时代，党中央、国务院高度重视普通高中教育，从高考综合改革、新课程新教材实施、评价改革、办学活力激发等方面作出顶层设计，大力推进普通高中育人方式改革，推动普通高中多样化特色发展，促进学生全面而有个性地发展，为学生适应社会生活、高等教育和职业发展作准备，为学生的终身发展奠定基础。福建省坚持以习近平新时代中国特色社会主义思想为指导，全面贯彻党的教育方针，落实立德树人根本任务，坚持五育并举，深化育人关键环节和重点领域改革，围绕加强党建引领、创新课程体系、改革育人方式、优化管理制度、提高教师素质、改进评价方式等重点任务，持续推进示范高中建设，充分彰显优质学校办学风格，健全完善优质学校辐射带动区域教育发展的有效机制，助力加快构建优质均衡基本公共教育服务体系，促进我省普通高中优质创新发展、多样特色发展。省教育厅要求，30所首批示范性高中，应结合示范辐射定位，着眼于全方位高质量发展，自行确定优势特色项目，积极创建综合优质品牌高中，或聚焦某一方面特色优势，着力打造高水平特色示范高中。同时，要主动担当，勇于作为，充分发挥示范辐射作用，实施全方位深度结对帮扶，促进对口学校办学质量和水平显著提升，不断扩大优质教育资源覆盖面。

党的二十大首次作出"教育、科技、人才"三位一体战略部署，对下一阶段推进普通高中育人方式改革提出新的更高要求。站在新的历史起点上，如何总结提炼三十所首批示范高中的办学经验，进一步推动我省高中教育发展？在福建省教育厅的支持下，在福建教育出版社的帮助下，福建省基础教育研究院（德旺基础教育研究院）拟推出"福建省示范性普通高中丛书"。期待这套书的出版能努力做好福建普通高中高质量发展的时代答卷。为此，一要紧紧围绕国家重大战略的人才需求，科学设计拔尖创新人才培养机制与路径，提高人才自主培养质量；二要紧紧围绕育人目标，推进学生综合素质的科学评价及有效运用，切实破除"唯分数论"的顽瘴痼疾；三要紧紧围绕学生发展的多样化需求，实现普职融合；四要紧紧围绕智能时代带来的机遇与挑战，实现教师角色转型及高中教与学的深度变革，不断提升育人质量。

新时代，新气象，愿示范高中大胆探索，改革创新，成为落实立德树人、人才培养创新、课程教学改革、教师队伍建设等方面的示范，引领和带动全省普通高中以及基础教育各级各类学校高质量发展，续写示范高中项目建设的新篇章。

李 迅

2023 年 9 月 1 日

目录

代序　创建即创业，示范即规范
　　——记厦门大学附属实验中学创建示范性普通高中奋斗历程 ········· 1

第一章　精准党建做引领　宽柔德育入细微 ············ 22
　　一、精准引领，党建工作更富实效 ············ 22
　　二、宽柔以教，德育工作更有温度 ············ 31

第二章　笃行致远铸师德　知行合一强师能 ············ 47
　　一、师德为先，建设优良师资队伍 ············ 47
　　二、实践为基，引领专业自觉发展 ············ 54

第三章　育人为本设课程　融通生长重实施 ············ 71
　　一、融合贯通，创新高中课程方案 ············ 71
　　二、关注个性，满足走班多样选择 ············ 77
　　三、立足校情，开展综合实践活动 ············ 85
　　四、服务成长，开设校本特色课程 ············ 92

第四章　体育美育健精气　劳育为本塑品格 ············ 97
　　一、强健体魄，砥砺坚毅体育精神 ············ 97
　　二、提升品味，陶冶高雅审美情操 ············ 104
　　三、以劳树德，培养勤劳乐观品格 ············ 110

第五章　勇担任务谋发展　辐射引领促成长 ············ 117
　　一、勇担任务，开拓思路谋划发展 ············ 117

二、帮扶辐射，资源共享携手前行 …………………………………… 126

第六章　五育并举提素养　特色培育树新人 …………………… 135
　一、全面发展，关注素养多维提升 …………………………………… 135
　二、守正创新，尊重生命办出特色 …………………………………… 140

第七章　智慧校园微服务　温馨校园似家园 …………………… 169
　一、智慧校园，助力服务品质提升 …………………………………… 169
　二、附中餐饮，暖心烹饪家的味道 …………………………………… 170
　三、舒适宿舍，精心营造家的温馨 …………………………………… 172
　四、合理提议，及时研究马上就办 …………………………………… 174
　五、森林校园，安全港湾诗意盎然 …………………………………… 175

代序

创建即创业，示范即规范

——记厦门大学附属实验中学创建示范性普通高中奋斗历程

厦门大学附属实验中学（以下简称"厦大附中"）由漳州招商局经济技术开发区（简称"漳州开发区"）和厦门大学联合创办于2007年，行政隶属漳州开发区。2007年12月14日为建校日，至今走过15年。2008年秋季初中招生，2009年高中招生。2011届、2012届分别是初、高中首届。至2023届，初中毕业13届，高中毕业12届。目前有行政班77个，其中高中31个、初中46个，在校学生3711人，教职工273人，后勤社会化服务人员110人。学校占地面积185620平方米，现有建筑面积95500平方米，设施设备完善，办学条件优良。

在首批30所示范高中当中，厦大附中的创建之路是独一无二的。首先，这是一所新建学校。到2017年秋季示范高中建设学校遴选启动时，高中招生才8年，只有6届毕业生。首批示范高中其他29所学校，最年轻的也是1981年建校，另有四所学校是1950年代创建的，其他24所学校均为新中国成立前创立，多为百年名校。其次，其他学校均为较早达标的省一级达标高中，且多为各地市的龙头学校，而厦大附中行政隶属于行政职能尚不完善的漳州开发区，成为三级达标高中刚刚3年。因此可以说，对于绝大多数兄弟学校而言，创建示范高中不过是一次新的发展，但对厦大附中而言，创建是生长，是成长，是开天辟地的大事。厦大附中创校第一天就是创建示范高中第一天，15年始终不渝。我们培育了"拼搏进取，守正创新"的创建精神，这也是厦大附中的创业精神，是对校训"自强不息，止于至善"最生动的诠释。所以我们认为，创建示范高中是厦大附中发展最重要的推动力，创建即创业，示范即规范。总结回顾省一级达标高中、省示范高中的创建之路，不仅是为了永远铭记建校初心，重温奋斗之美，更是为未来发展积蓄力量。

第一部分：回望——省一级达标高中、省示范高中创建里程碑

1. 设置完中。2008年4月21日，漳州市人民政府印发文件《漳州市人民政府关于厦门大学附属实验中学设置为完全中学（筹建）的批复》（漳政综〔2008〕53号）。2008年9月1日正式揭牌开学上课。全校仅有初一6个班级249名学生，教职工21人。

2. 高中试招生。2009年3月11日，漳州市教育局印发文件《关于同意厦门大学附属实验中学高中试招生的批复》（漳教中〔2009〕55号）。2009年9月1日高中招生开学，设高一7个班，学生333名。

3. 高中登记注册。2009年12月14日，福建省教育厅印发文件《福建省教育厅关于同意厦门大学附属实验中学等3所学校高中登记注册的通知》（闽教基〔2009〕74号）。

4. 设立"六年一贯制"教学实验班。2009年12月24日，漳州市教育局印发文件《关于同意厦门大学附属实验中学举办"六年一贯制"教学实验班的批复》（漳教中〔2009〕259号）。2010年秋季开始招生，面向漳州全市自主选拔初一学生80人，编为两个班。我校"中学'六年一贯制'创新型后备人才的培养"曾列入省教育厅改革试点项目，并归省教育厅管理。"六年一贯制"招生十年，2020年停止面向全市招生。

5. 设立海峡部台生班。2011年3月31日，漳州市教育局印发文件《关于同意厦门大学附属实验中学设立国际部（海峡部）招收台湾学生班的批复》（漳教中〔2011〕65号）。2011年秋季开始招生，2015年停止招生，2017年第三届高中生毕业后停办。

6. 福建省教育改革试点项目学校。2011年4月9日，福建省人民政府办公厅印发文件《福建省人民政府办公厅转发省教育厅关于福建省教育改革试点总体方案的通知》（闽政办〔2011〕83号）。我校中学"六年一贯制"创新型后备人才培养，隶属"开展高中办学模式多样化实验，开发特色课程，探索弹性学制等方式"，列在第一类"推进素质教育改革试点"的第 23 项（总 65 项）。

7. 福建省普通高中多样化发展改革试点实验学校。2013 年 9 月 22 日，福建省教育厅印发文件《关于公布普通高中多样化发展改革试点实验学校名单的通知》（闽教基〔2013〕52 号），全省共 26 所，我校入选。我校试点项目为"创设多样化教育平台，促进学生个性化发展"，"六年一贯制"实验是该项目的主要内容。该项目研究同时是中华人民共和国科学技术部课题"中小学科学探究学习与创新人才培养实验研究"的子课题。

8. 福建省三级达标高中。2014 年 3 月 18 日，福建省教育厅印发文件《福建省教育厅关于确认福州城门中学等 16 所学校高中部为"福建省三级达标高中"的通知》（闽教基〔2014〕19 号），我校被正式确认为福建省三级达标高中。

9. 高中课程改革基地校。2016 年 12 月 28 日（2017 年 1 月 9 日印发），福建省教育厅印发文件《福建省教育厅关于公布福州一中等 31 所学校为首批福建省普通高中课程改革基地校的通知》（闽教基〔2016〕71 号），我校入选。

10. 设置高考考点。2017 年 10 月 24 日，福建省高等学校招生委员会印发文件《福建省高等学校招生委员会关于同意设立漳州招商局经济技术开发区高考考区考点的批复》（闽招委〔2017〕12 号），我校被批准为高考标准化考点。自 2018 年开始，我校成为高考考点。

11. 福建省一级达标高中。2018 年 6 月 15 日，福建省教育厅印发文件《福建省教育厅关于公布省一级达标高中首轮复查结果的通知》（闽教基〔2018〕39 号），我校入选。

12. 福建省首批示范性普通高中建设学校。2018 年 12 月 29 日，福建省教育厅印发文件《福建省教育厅关于公布福建省首批示范性普通高中建设学校名单的通知》（闽教基〔2018〕101 号），全省共有 44 所高中在列，我校入选。

13. 省级示范高中培育建设正式启动。2019 年 1 月 18 日—19 日，省级示范性高中培育及 2019 届全省高中毕业班教学工作培训班在厦大附中举办，标志示范高中培育建设正式启动。

14. 福建省示范性普通高中公示。2022年2月10日19:28，省教育厅网站发布公示，拟确认全省30所高中为福建省首批示范高中，我校入选。

15. 福建省示范性普通高中。2022年3月3日，福建省教育厅印发文件《福建省教育厅关于公布福建省首批示范性普通高中建设评估结果的通知》（闽教基〔2022〕6号），我校正式成为福建省首批示范高中，全省共30所。

从2009年秋季高中招生到2022年3月被正式确认为省示范高中，历时十二年半。

第二部分：跋涉——拼搏进取，守正创新

一、提高认识，奋力争先

《福建省教育厅关于印发〈福建省达标高中评估办法（修订）〉的通知》指出："普通高中达标评估是对学校办学实力的综合评价，重在促进广大学校落实立德树人根本任务，提高全体学生核心素养。""建立实施高中达标评估机制，是推动普通高中提高办学水平和教育质量、全面实施素质教育、落实立德树人根本任务的一项重要举措。"我们认为，积极创建达标高中，既有利于学校内涵发展，也有利于调动地方政府兴办教育的积极性。

厦大附中建校伊始即确定按省一级达标高中标准建设学校。这是一个非常重要的定位。2007年11月16日，《厦门大学附属实验中学四年发展规划（2007.11—2011.06）》（简称"2007版规划"）通过专家评审。2007版规划确定了学校的近期（十年）发展目标：根据福建省教育厅文件《福建省达标高中评估办法（试行）》（闽教基〔2007〕42号）规定，尽可能用十年时间建成省一级达标高中。据此规定，2012年实现三级达标，2015年实现二级达标，2018年实现一级达标，2023年前建成示范高中。可以说，从办学的第一天起，我们就确立了创建省一级达标高中的奋斗目标。《厦门大学附属实验中学五年发展规划（2011—2015）》（简称"2011版规划"）、《厦门大学附属实验中学"十三五"发展规划》（简称"2015

版规划"）、《厦门大学附属实验中学"十四五"发展规划》（简称"2020版规划"）均围绕创建目标制定，学校远景发展目标的确定也建立在创建省一级达标高中、省示范高中的基础上。

但是，按照文件规定，晋级达标须逐级申请。据此，我校最快也要到2023年才有可能晋级一级达标高中。因此我们在规划中是这样表述的："争取在上级领导的支持下，调动各方面的积极因素，只争朝夕，短期内打出特色，创出名牌，实现跨越式发展。"

在不能确定能否越级晋升的情况下，我们做好了按部就班创建的准备。2012年第一届高中学生毕业后，学校即紧锣密鼓地冲刺省三级达标高中的评估。2013年10月，在两届学生毕业后我们通过了省三级达标高中的现场评估，2014年3月被省教育厅正式确认。此后，我们一方面继续按一级达标高中的标准开展创建工作，并积极创造条件，争取越级申报；另一方面主动做好创建省二级达标高中的迎评工作。按常规程序，我们最快要到2017年才能参评省二级达标高中。

这期间，我们一直在积极争取越级晋升一级达标高中，扎实做好两个方面的工作。一是严格按照《福建省达标高中评估办法（修订）》管理学校。主要目标和基本要求是，凡属于学校和教师个人方面的考评项目必须做到1分不失，也就是说软件不失分。硬件，包括办学条件、师资队伍等，要争取政府投入和政策到位，尽量少失分。最终，在一级达标高中评审中，我们失分的是体育场馆建设和师资配置两个方面。我们实现了"软件不失分"的目标。二是我们既踊跃参与省级层面的教育教学改革，又通过各种渠道经常向上级领导表达我们的愿望。我校是省教育改革试点项目学校、省普通高中多样化办学试点学校、省首批课程改革基地学校，在几届教师教学技能大赛和各类优课比赛中均取得优良成绩，高考成绩和奥赛成绩异军突起，进入全省先进行列。上级领导和同行逐渐了解并认可我们。厦门大学还专门就我校越级晋升给省厅去函，得到教育厅更多关注。可以说，各方面条件逐渐具备。

2017年8月16日，省教育厅印发《〈福建省达标高中评估办法（修订）〉的通知》（闽教基〔2017〕35号），要求按新的标准开展新一轮省级达标高中的创建工作，并组织对原有达标高中的复查工作。通知指出："入选省级高中课改基地校的，可在一级达标高中申报年或复查年直接申报一级达标。"我校于2016年12月入选福建省首批高中课程改革基地校（全省共31所），因此具备了直接申报一级达标高中的资格。这就是所谓的机会总是留给有准备的人。

接到通知后，学校立即召开干部会议，统一认识，完善组织机构，启动迎评工作。2017年8月25日召开全校教职工大会进行创建再动员，并将闽教基〔2017〕35号文件印发给全体教职工。8月27日，邀请专家到校为全体教职工解读《福建省达标高中评估办法（修订）》。9月初，学校组织人员分组按标准进行了严格的自评。根据自评情况，我们认为初步具备了申报一级达标高中的条件，并将存在的问题上报至漳州开发区教育局，希望提请开发区管委会召开专题会议研究解决。11月3日，省教育厅印发《关于遴选培育福建省示范性普通高中建设学校的通知》（闽教基〔2017〕53号），我们立即组织学习并积极准备申报。11月7日，漳州市教育局研究决定推荐包括我校在内的5所高中为此次申报对象。11月13日，学校再次召开全体教职工大会进行部署。11月15日，开发区党委委员、管委会副主任刘永祥主持召开专题会议研究我校申报省一级达标高中和省示范高中项目校工作。11月16日，开发区党委书记、管委会主任丁勇主持召开主任办公会议，同意我校立即申报省一级达标高中和省示范高中建设学校，一次性追加经费预算305万元用于软硬件补缺。市级初评后，我们当即召开行政会研究整改并逐一落实。可以说，我们是在恒久的憧憬、不懈的努力、高度的紧张兴奋和无比的期待中，迎来最终的评估。

二、始终对标，重在平时

为了稳妥推进，我们本来没有打算2017年参评。2017年8月份接到省厅文件后，我们一方面组织学习，另一方面严格自评，认为初步具备参评条件。为了能够高分通过，我们打算用一年时间认真打磨软件，完善硬件，准备2018年下半年申报（文件指出，偶数年申报一级），2019年上半年迎接现场评估。但在我们的请示尚未得到管委会批复时，2017年11月7日，市教育局决定推荐我校申报省示范高中建设项目校，我们只好改变计划。所以，在市级专家组 12 月 4 日莅临学校评估前，我们只有 20 天的准备时间。如果没有平时的扎实工作和长期的准备，20 天时间连材料汇总都来不及。总结起来，我们有四点体会。

（一）领导带头，全员参与

在厦大附中，《福建省达标高中评估办法（修订）》是全体教职工的"案头书"，是制定学校规划、年度和学期工作计划的重要依据。领导带头，就是指属于领导个人的考评项目必须做到高质量完成。譬如上课、听评课、课题研究、论文和著作发表等。那三年里，我个人就发表了 100 多篇论文，出版 2 部专著，起到了很好的带头作用。全员参与是指全体教职工不仅要对评估办法应知应会，了解各自的任务，而且能够熟练运用于日常教育教学工作，成为个人专业成长的重要指南，并由此逐渐养成了专业发展的自觉性。2017 年 12 月 28 日省一级达标高中专家组现场评估，我们没有兴师动众，直接参与的人不到 20%，整个学校仍处于平时那种平稳而又平和的状态，但每位老师包括初中教师都自觉做了认真准备，确保能够拿出最好的教案、听课本，并能呈现出一堂精彩的课来。课堂教学一项最易失分，随机性和变数很大，一个人就代表了一所学校，必须切实做到全员参与。我们最终不仅没有失分，而且受到了好评。

（二）重在平时，首在落实

要将评估办法落实到每一天的具体工作中。示范即规范，规范办学的过程就是示范创建的过程。创建重在平时，功夫体现在每一天。我校一直坚持全面落实课程标准，课程计划基本得到落实，音体美学科选课走班已经开展了 6 年，校本选修课开设了 5 年，信息技术和通用技术课一直坚持开设，综合实践活动和综合素质评价基本得到落实。高三体育课一直上到高考前几天温书假才停课。我们认为，只要师资和办学条件具备，全面落实课程计划与提高升学质量之间并不矛盾。我们之所以还有点差距，主要是师资力量欠缺，人力资源都倾斜到高考学科上去了。好在我们一直重视这方面工作，因为我们的办学理念与评估办法相吻合，迎评水到渠成，材料汇总得心应手。创建工作是长期工作，要每学期一总结，及时找到差距才能迎头赶上。

（三）重点攻关，不留死角

《福建省达标高中评估办法（修订）》的部分条款是高于日常工作要求的，对绝大多数学校而言都要经过一番特别的努力才能达到。

硬件包括基建、设施设备必须争取政府支持。在外界看来，厦大附中的硬件肯定没有问题，但其实大家不知道的，每一分钱的得来和每一个项目的建设都要费尽口舌，而这其中最重要的推动力是创建工作。创建工作不仅鞭策我们自己，某种程度上也是我们争取上级支持的"尚方宝剑"。直到评估前我们还不得不争取305万资金用于增加图书、实验设备，改建校园电视台和生物标本室等。如果没有创建，厦大附中不可能发展到今天这个样子。

师资队伍建设一直是我校的重点工作，也是面临困难最多的工作。众所周知，整个漳州开发区公办学校的教师编制问题一直悬而未决。一方面是教师最关心的、涉及每位教师切身利益的事业单位编制问题得不到及时解决，另一方面学校又要抓住一切机遇加快发展，怎么办？我们还是借助和依靠创建工作来推动。一方面通过提高待遇来稳定队伍，另一方面多番呼吁推进教师入编工作，同时，号召全校教师同心同德，用一流的业绩赢得上级领导和社会各界的重视。

在名师、骨干教师培养，省级课题研究，教师专业成长，学校特色发展等方面，我们都采取了重点攻关的办法。

（四）全面对标，突出亮点

2008至2017年，建校10年，办学9年，高中招生8年，毕业6届学生，我们始终沿着创建省一级达标高中之路前行，取得了良好成效。学校教育服务水平稳步提升，文化竞争力、知名度、美誉度显著提高，区域影响力进一步扩大。2016年、2017年连续两年高考一本达线率超过82%，本科达线率一直接近100%。2014至2017年，连续四年有学生考入北大清华，共有6名学生进入北大清华深造，有2名同学考进中科大少年班。2015至2017年三年共获得奥赛省奖129个，其中数、理、化、生四科奥赛省一等奖21个，国家金牌1枚、银牌3枚、铜牌1枚。三年里，学生公开发表文章300余篇，仅2017年就发表了178篇。教师公开发表论文276

篇，出版专著 4 部，获奖论文 57 篇。

在此基础上，我们的一些工作亮点也得到了专家组的好评。

1. 确立了卓有成效的教育行动指南：培育一流的教育服务品质，用合适的教育办学生喜欢的学校。以学生成长为核心，建立并不断优化教育服务体系，确立以"服务品质"为核心的评价体系。将"办学生喜欢的学校"作为学校的发展目标。"教育无非服务"的理念深入人心，将教育服务做到了极致，做出了特色，具有一定的影响力。

2. 校园写作氛围浓厚，学生公开发表作品成为风气，文学教育成效显著。在先后制定的 3 个发展规划中，一直强调"充分重视校园写作，力求形成氛围和特色，促进学生具备突出的写作能力"。将"具备突出的写作能力"作为学生的发展目标之一。

3. 艺体学科和校本课程走班选修积累了丰富经验。

4. 形成了以和谐的师生关系为核心的和美的校园文化。

5. 教师的职业专注力和专业进取心明显增强，课程和教科研意识强，课堂效率高，教研成果丰硕。

6. 学生的自主选择权、校园生活自治权得到充分保障，学生的课余生活丰富多彩，学生的特长得到发展，个性得到张扬，创新潜质得到释放，寄宿制学校优势凸显。

7. 学校管理规范中不断创新，教风正，学风浓，办学理念科学，发展目标清晰，形成了特有的教育观、教师观、学生观、课堂观、质量观、文化观、活动观、环境观，整体办学质量优良。

8. 校园校舍、教学设施设备等办学条件优于省一级达标高中标准，一所服务型校园基本建成。

三、临门一脚，格外重要

有评估就一定有迎评，"素评"只是传说。临阵磨枪，不快也光。平时准备得再好，临门一脚踢不到关键，必定事倍功半。

（一）评委视角，贯彻始终

从技术层面来讲，完美无缺的学校最好评估，评委不需要绞尽脑汁地权衡。评委不会为难参评学校，能给分的一定会给分。所以，材料准备一定要遵照评委视角，做到最大限度的人性化，要紧扣评估标准。要使72个得分点，点点得到落实。材料风格要一致，层次要清晰，要一目了然。材料不在多而在精，要能说明问题。我做过省级评估组的成员，也担任过专家组组长，这方面的体会是真切而深刻的。

（二）坚持原创，切勿抄袭

这次有一些传统名校问题就出在申报材料上。有专家说某些学校的材料到了"无一字不抄袭，无一字是原创"的地步，确实不像话。我们学校的《示范高中建设总体规划》就是我自己执笔的，11268个字都是我自己思考的结果。六大重点任务建设方案都在总体规划的基础上制定，我都要一一过目。上报前都经过技术查重，确保不出问题。创建工作汇报稿是我自己起草的，PPT也是我自己做的，所以能做到宏观准确把握和微观精准引导。

（三）态度谦逊，积极配合

在接受评委的质询，与评委互动时，要谦虚谨慎，诚恳听取指导。不要固执己见，动辄争辩。对确实存在的问题要实事求是加以解释，以期得到理解。对评委提出的要求要及时回应，对评委提出的建议要认真采纳。譬如我校在执行省颁课程计划方面仍然存在瑕疵，特别是研究性学习在课表上体现不完整，我们一方面如实汇报，另一方面也对课表作了调整，表明了我们整改的态度。还有学生体质健康的优秀率不达标等，我们都作了如实汇报，准备被扣分。后来因为作了实事求是的调整才免于扣分。

我校12月28日现场评估，29日下午集中反馈。30日是元旦假期。送走评委后，我立即开始整理专家组的反馈录音。整个元旦假期我加班加点做了三件事，一是整理录音，形成文字稿；二是据此向管委会写了一份《关于厦大附中省级示范高中建设学校立项暨省一级达标高中评估的情况汇报》（下面简称《情况汇报》）；三是写了一封《不忘初心，继续前进——致全体附中人》的公开信。1月2日假后上班的第一天上午，开发区党委召开例会，首先研究的就是我临时递交的这份《情况汇报》。开发区领导不仅对我们的工作予以肯定，同时又针对专家提出的问题，帮助学校解决了很多困难。我为什么要自己动手整理录音、起草报告呢？一方面是想让连续加班一个多月的同事们休息一下，另一方面我觉得有必要全面深入了解专家组提出的意见和建议，以利于今后工作。毕竟创建成功不是目的，目的是要通过创建使学校能够得到更好的发展。

（四）关注信息，及时整改

这次评估，我校情况相对特殊，申报一级达标高中只有我们一家，而且是多年来没有过的越级申报。其他学校都是一级复查。同时，这次是将一级复查与遴选示范高中建设项目校结合在一起，参与学校之多、延续时间之长前所未有。所以，关注信息非常重要。譬如迎检纸质材料的准备、申报材料查重、信息技术和课堂教学融合、办学特色提炼和材料准备等方面，我们之前基本没准备或准备不充分。得到信息后，我们立即整改，最终都得到较高评价。

在市级评估后、省级评估前，省厅对漳州台投区双十分校等校申报省二级达标高中进行现场评估，我参加了双十分校的现场评估反馈会，获得了很多之前未能掌握的信息，譬如图书馆的信息化提升问题，学校图书馆与政府公共图书馆信息联通和资源共享问题。反馈会结束后我立即返校，马上召开行政会研究，最终解决了这个问题。在专家组完成厦门实验中学评估后，我又邀请了其中几位比较熟悉的专家顺便莅临附中指导，他们在图书馆管理、信息技术和智慧校园建设、实验教学等方面给予了很好的指导，我们因此在原有的基础上有了较大提升。

（五）重点引导，主动汇报

在展现办学特色和呈现亮点时，学校要有意识引导，要将特色和亮点讲透彻，要高度重视留给评委的第一印象。按照工作计划，这次复评不安排汇报，专家组一开始也不准备听取我们汇报。而我们希望有汇报这个环节，因为有些鲜活的东西在材料里易被忽略，我们希望将最好的东西展现出来。所以我们争取说，我们是创建评估不是复评，按规定应该要汇报一下，最后专家组采纳了我们的意见，听取了我半个小时的创建工作情况汇报。通过汇报引导专家也非常重要。又如办学特色"校园写作，润泽生命"这一项，市评估组给了我们中准分，我们觉得这一项我们还是说得过去的，应该可以得满分。后来我们又根据专家组的评估细则重新整理材料，现场又反复汇报，最后得到专家组的认可。譬如校园环境，校园内有一段道路毁损较严重，我们主动如实汇报，因为校园一直在建设，重车损坏了道路，但因为马上又要建体育馆，所以想等到基建全部完成后再统一做沥青道路。还如校园文化，我们学校的墙壁文化比较少，这与我们的文化观有关，我们也主动汇报。虽然专家组最后建议我们要适当布置，但对我们的文化主张也很赞同。还有师生的精神面貌如何体现？不仅工作人员要做到热情得体，我们还专门将评委往人多的地方带，让他们直接感受。在教室听课，在操场观摩，在食堂就餐，评委们无不为附中师生阳光灿烂昂扬向上的精神风貌所感染。

第三部分：收获——创建即创业，示范即规范

厦大附中建校伊始即确定按省一级达标高中标准建设学校，这是一个非常重要的定位。积极创建达标高中，既有利于学校内涵发展质量提升，也有利于调动各个方面特别是地方政府兴办教育的积极性，进而促进学校优质跨越发展。作为首批省示范高中当中最年轻的学校，创建既是引领我们前进的旗帜，也是鞭策我们奋进的动力。厦大附中创校第一天就是创建示范高中第一天。所以我们认为，创建即创业，示范即规范，创建征途上我们培育出了"拼搏进取，守正创新"的创业精神。这种精神不仅使我们得以如期完成创建任务，更重要的是为学校未来发展积蓄了强大的动力。学校创建以来，我们在以下十个方面进行了不懈探索和实践，获得了一些需要进一步实践完善、需要继承并发扬光大的治校办学体会。

1. 特殊的办学机制。厦大附中是我省唯一一所由政府、大学、央企合作办学的公办学校，其办学主体是漳州开发区管委会（地方政府）、厦门大学（重点高校）、招商局集团（中央企业），在体制机制上具有独特的优势。政府保证规范办学，大学保证办学高定位，央企保证办学高投入。体制自身就是创新的成果，并为持续创新提供了可能性。这种独特的机制是厦大附中实现跨越发展的基本前提和关键因素之一。

2. 前瞻的科学规划。创办伊始即对标省一级达标高中、省示范高中办学标准制定发展规划。规划是蓝图也是重要的推动力。制定学校发展规

划是否重要见仁见智，但厦大附中是完全按规划建设发展的，足见规划的重要性。

《厦门大学附属实验中学四年发展规划（2007.11—2011.06）》《厦门大学附属实验中学五年发展规划（2011—2015）》《厦门大学附属实验中学"十三五"发展规划》《厦门大学附属实验中学"十四五"发展规划》四版规划都是围绕创建省一级达标高中、省示范高中制定的。我们的方向非常明确，我们的目标非常清晰。

3. 执着的理想追求。坚持规范办学不走偏，坚持跨越发展不动摇。不向困难低头，不向阻力认输，拼搏进取，一刻不息。厦大附中之所以能够在高中办学只有短短的8年时间、三级达标刚过3年就能够成功创建省一级达标高中，接着又成功创建省示范高中，就我们自身而言，是因为我们在每一个环节中都没有犯太大错误，在可能存在机会的时候我们都抓住了机会，敢想他人不敢想的事，敢为他人不敢为的事。谋事在人，成事也在人。我们一直在努力，面对困难从未退却。

4. 自强的发展思路。坚持内涵发展质量兴校，强实力，走正道，做更好的自己。靠天靠地不如靠自己！该要得要，但不等不靠，错失时机谁也帮不了我们，时过境迁"要"来了也无济于事。

5. 踏实的工作作风。规范，对标，不投机，守正创新。机会主义即便存在胜算的概率，但放到历史长河中最终还会失掉已有的成果。在投机分子大行其道的时候"守正"尤为重要。

6. 一流的服务品质。在硬件投入、师资队伍建设和文化（办学理念、育人目标、制度建设以及课程提供等）影响力培育等方面坚持较高标准。培育一流的服务品质是我们通过创建推动学校优质跨越发展的重要发力点。发力点错位则徒耗气力劳而无功。

7. 较好的办学业绩。德智体美劳五育并举，有较高的办学质量。特别是中高考质量、高中学科竞赛、办学特色培育等关键指标进入全省先进学校行列。质量是根本，没有质量是办不成学生喜欢的学校的！因此，千变万变，追求质量不变；千改万改，影响质量不改！

8. 特有的文化魅力。坚持用文化的力量推动学校健康发展。"教育无非服务"的理念深入人心。以学生健康成长为核心，以服务为行动指南，以培育文化竞争力为目标，力求文化立校。坚持培育一流的教育服务品质，用合适的教育办学生喜欢的学校。坚持干部服务群众，行政服务教学，全校服务课堂，全员服务学生。文化影响力初步形成。

9. 有利的外部环境。厦大附中创校以来，得到漳州市政府、厦门大学、招商局集团、漳州开发区管委会及相关部门的大力支持，得到省教育厅领导及相关职能部门、漳州市教育局领导及相关职能部门的关心、指导和支持，得到龙海区教育局、龙海区港尾中学等社会各界的关心和支持。我们始终以积极的姿态参与到福建教育的发展当中。自2018年省示范高中培育建设启动以来，我校先后五次在省级会议上交流发言，受到了领导和同行的好评。2019年1月18日—19日，省教育厅在厦大附中举办省级示范高中培育建设及2019届高中毕业班教学工作培训班，这就是对我们最大的鼓励、支持和鞭策。2022年4月22日下午，省教育厅召开全省示范高中建设推进会，总结第一轮示范高中建设工作，启动新一轮示范高中建设，我校作为首批示范高中的唯一代表在会上作交流发言。积极融入，主动担当，外部环境的有利因素才能为我们所用，我们才有可能在服务他人中成长自己。

10. 良好的学校形象。和一个人一样，学校也要有不凡的精神气象。我们一直在努力塑造自己的形象。我们希望厦大附中的样子是：幸福快乐的诗意校园；独具魅力的校园文化；轻松和美的人际关系；昂扬向上的精神面貌；拼搏进取的奋斗姿态；开放包容的胸怀格局；谦恭低调的君子风度；自强不息的底蕴积累；大气朴素的校园环境；守正创新的从容姿态……

　　什么叫创建？就是将学校建成我们希望的样子——这就是创业！
　　什么叫示范？就是将学校建成她们应有的样子——正所谓规范！
　　创建永远在路上，办学生喜欢的学校永远在路上，我们永远努力……
　　示范高中是航船，不是彼岸。厦大附中的远景奋斗目标是：把学校建设成一所具有文化竞争力的现代化的有特色的学校。厦大附中的发展愿景是：办所有学生永远喜欢的学校。一切皆有可能！"不可能"成为"可能"

的精神密码就是拼搏进取、守正创新，就是"自强不息，止于至善"的校训精神。建校 15 年来我们始终拼搏进取，守正创新，这是学校优质快速发展的根本所在，必须长期坚持。三年示范期（2022—2024 年）尤要不懈怠不停步，对标"国际知名、国内一流"要求，力争以更优异的办学业绩，确保实现"国内知名、省内领先"的发展目标。发展永远在路上，进步永远在路上！

拼搏，进取，守正，创新——每个词语背后都有附中人的深刻思考和实践诠释。它不仅是一所学校进步的精神力量，也必然是其中每个成员的精神底色和文化基因。当这种精神和文化融入我们的血液后就成了我们的生活方式。厦大附中是中华大地上五十余万所学校中的普通一所，别的学校存在的问题我们都有，我们只是在努力实现教育对人的起码尊重。然而，仅仅因为"对人的起码尊重"就使我们在学校教育的诸多环节中有别于很多学校。面对很多习以为常司空见惯的事情和做法，我们已养成独立思考的习惯：厦大附中应该怎么做？厦大附中人应该怎么做？就这个角度而言，厦大附中确实是一所不一样的学校。

第四部分：我们的教育哲学——教育无非服务

厦大附中是一所具有坚定文化追求的学校。建校 15 年来，我们一直坚持不懈地探求一种合适的教育哲学，努力用一流的教育服务品质办学生喜欢的学校，通过人道的应试教育努力让教育尊重生命，以奋斗成就幸福的平凡人。在厦大附中，最重要的管理是文化价值观的管理，最有效的管理力量是文化力量。文化价值观来自我们的办学实践，同时又推动了学校更好更快发展。

核心教育主张：

1. 教育无非服务。
2. 办学生喜欢的学校。
3. 让教育更加尊重生命。
4. 实施人道的应试教育。
5. 教育不相信奇迹。

6. 做幸福的平凡人。

附中观点 40 条：

1. 厦大附中是一所学校，也是一种文化，更是一种人生态度和一种生活方式。厦大附中的人生态度，就是做幸福的平凡人；厦大附中的生活方式，就是拼搏进取、守正创新。

2. 培育一流的教育服务品质，用合适的教育办学生喜欢的学校。办学生喜欢的学校，其实也是办家长信任、社会认可的学校。学校因学生而存在，附中因学生而美丽。一流学校最突出的标志是要不断涌现一流人才。

3. 教育无非服务，服务是一种信仰。干部服务群众，行政服务教学，全校服务课堂，全员服务学生。马上就办就是一流服务。服务的意识应当刻进骨子里。如果我们倦于服务就一定会退步。我们做的是有原则的服务而非无原则的迎合。

4. 要努力避免"供需错配"的现象发生。让学生在附中能够获得所需要的一切。不仅学生需要的我们能提供，而且要用我们能提供的引导学生需要。让每一名学生的价值选择都得到充分尊重，每一名学生的人生理想都有腾飞的平台，这样的教育服务品质才能算一流。

5. 校园让人更美好。让教育更加尊重生命，实现教育对人的起码尊重。要从学生的脸上看到生命的价值。

6. 实施人道的应试教育。学校要关注学生的现实快乐，要努力让孩子免于恐惧，将自由成长的空间还给孩子，过稍稍有一点诗意的校园生活。淘汰和选拔是社会用人的基本手段，但不是人生幸福或苦难的分水岭。

7. 教育不相信奇迹。尊重教育常识，尊重学生选择。教育并帮助学生用好手中的选择权或许正是教育的题中应有之义。同样是刻苦学习，同样是头悬梁锥刺股，格局有大小，气度也有大小。我们要做格局和气度大的人。

8. 做幸福的平凡人。幸福是一种智慧，也是一种能力。人性美是创造幸福人生的动力。生活绝非战斗，不是每时每刻都充满着竞争和硝烟。

有一份淡定，多一份平和，做幸福的平凡人，也许正是幸福生活之要义。

9. 今天做合格学生，明天做优秀公民。尊重规则是做人底线。对制度的态度也是一种文化，而对制度的敬畏是最严肃的文化。

10. 品德是人的第一智慧。德育的理想境界：利他行为的审美化。小才成大才，中间不仅隔着时间、阅历、知识、能力，还隔着品德、智慧、胸襟、格局。而品德、智慧、胸襟、格局不能等到未来再养成，应该从小培养。

11. 师德乃为师之道。善良乃为师之根本。宽柔以教。爱学生是优秀教师的核心素养。师生关系学是优秀教师的必修课。最严校规减少学生成长机会。做个严师不难，难的是做一个学生喜欢而又称职的教师。一所好的学校应当是名师辈出，但惠及全体学生绝不能只靠那些名师。有没有名师不重要，重要的是学生喜欢不喜欢我们的老师。让一个人用你希望的样子喜欢你，除了真诚的帮助没有更好的办法。师生都要时刻想着尽量成为彼此希望、彼此喜欢的人，这不仅要克己，而且要追求利他行为的审美化。

12. 教师生活在学生中。有一种爱叫尊重，有一种好教育叫陪伴。附中之美，美在崇高，美在教师的德行，美在教师崇高的责任感。不必担心一时的"纵容"会让学生一辈子黑白颠倒、是非混淆。

13. 我即文化。人是校园文化建设的核心。文化应使学校更像学校。更多的时候我们要靠积极的校园文化来引导学生。教师不过是引路人，路是学生自己走出来的。在多元文化大潮中我们要立志做一个传承中华优秀传统文化、具有现代人格和现代精神的品德高尚的人。文化传承离不开教育，文化就是直接或间接的教育。

14. 我们很容易将高考与应试教育画等号，在向高考致敬的时候不自觉地也向应试教育致敬。这是非常危险的，也是极不明智的。

15. 提高教学质量首在课堂，其次还是在课堂。将课堂教学模式教条化，教改就会走样儿。补习班里补不出优秀学生。最好的教师应当将学生作为学习的主体，启发诱导，因材施教；最好的模式应当是适合课堂上"这群"学生的模式，而非照搬来的固定模式。

16. 积极的人生态度应该成为一种信仰。从实用主义的角度来看，健康而有滋味地活着比什么都实用。生命本无意义，但活着，生命就有意义。活得精彩便有大意义。充满兴趣的人生就是有滋味的人生。

17. 素质为本，多元发展。人类的好奇心是非常宝贵的，遏制人类的好奇心是不人道的。对什么都不感兴趣是个危险的信号。一切促进人的全面和谐发展的教育都是有用的。未来社会的成功者一定不是拥有知识最多的人，而是最善于运用知识的人。

18. 为了明天，拼搏今天。成长的路上，最常见的不是成功或失败，而是长时间的拼搏和奋斗。付出不完全都是痛苦的，更多的是快乐。

19. 假如我们已经输在起跑线上，我们一定要立志赢在终点线上。做自己能做到、能做好的事，就是一种成功。

20. 一切自己该做的事坚决自己做，一切自己能做的事努力自己做，一切暂时做不到而未来必定由自己做的事努力做好做的准备。

21. 我们优秀是因为我们比别人更努力。只有在今天我们做了别人想做而做不到的事，达到别人想达到而未达到的高度，我们在明天才可能拥有更多的幸福和成就。

22. 激发教师的智慧比制度建设更重要。要让学校成为师生的精神家园。管理科学化不是只要有科学手段就行。学校管理工作，从明理、顺气、鼓劲入手，做到情理交融、刚柔相济、虚实并重，就一定能较好地帮助教职工管理好自己的情绪，从而最大限度地调动大家的积极性，建设和谐校园。有效治理的保障不仅在"德"，更重要的是有一套制度。凡是能用制度管好的事都不是什么难事。

23. 学校和老师有责任让学生感受到生命的美好，感受到生活的美好。而这个起点就是爱。教育要告诉学生生活的真相，要教会学生生活。

24. 读书是美的。读书的态度其实就是做事的态度。通过读书养成好的做事态度，这正是教育的目的。读书不仅是过程也应当是目的，不仅是竞争工具也应当是生活本身。

25. 口碑是最好的评价。最好的学校应该由学生来评价。只有到了二三十年后，那些从附中走出去的孩子们当中有一大批人成为社会栋梁，并能为全人类作出巨大贡献时，同时，能在他们身上清晰地看到附中的教育价值观的基因并为他们本人所承认时，我们才可以说附中发现并掌握了教育的终极价值。

26．让教育带着温度落地。安静做真实的教育。教育需要静心等待，学生成长需要款步徐行。

27．办教育办学校必须坚守人格尊严。学校不能重回神圣，教育改革一定不会有出路。依法治校离不开科学和民主。安全教育要实做更要善做。学校应当确保师生在校安全，但安全工作是用来保障教育而非取代教育。学校为改革而改革就是折腾。当下高考改革的逻辑原点应当是减轻学生过重的课业负担。

28．我们之所以能够取得一点进步，是因为抓住了"尊重生命"这个本质，抓住了"服务"这个路径，抓住了"教师"这个关键，抓住了"质量"这个根本。而退步则往往是一瞬间的事。

29．锻造师德应当基于善良和爱。对待学生能够平等、理解、尊重、信任，为师之德就会不断提高。

30．快乐源于专注。教师专业成长的基本路径应当是教育实践。教师要写有用的教案。优秀教师的教学质量好源自她（他）个人的人格魅力、良好的师生关系、扎实的专业素养、一流的课堂教学水平和事事落实的教学管理。争取用最愉快的心情、最科学的方法做最优秀的班主任。

31．教师首先是人，其次才是教师。人要生活在人当中，人只有靠人来培养。教师的生活细节往往可以构成教育资源。相信学生不仅是教师应有的涵养，也是一种潜在的教育力量。教师不可以无视学生对自己的塑造。

32．好的家校关系就是好的教育。以德育德，师长都要身体力行，相互"补台"。育人需要家校携手，而学校应积极主动地掌控好家校关系的主动权。一个人的教养的底色是家庭教育，底色出了问题，要涂抹成好的作品，需要花费更多的气力。学校教育切勿"绑架"家长。家校纠纷，伤者无数，没有赢家。学校和家长应在相互谅解的前提下达成恰到好处的共识。教会学生处理各种矛盾和关系，在相互迁就中主动适应。

33. 教育不能无原则地一味赏识。表扬要有道理，批评要讲艺术。惩罚自然也是教育，但一定不是高明的教育。在21世纪的现代社会，教育者过度崇拜"压服"的思维需要警惕。

34. 没有感情的老师是可怕的。智商重要，情商更重要，情感则尤其重要。没有情感的老师很难培养出懂感情的学生来。爱是恒久的忍耐和超乎寻常的耐心。好老师不见得都有耐心，但最优秀的教师几乎都是极具耐心的。让学生产生恐惧感的教育是不人道不高明的教育。

35. 好教师要具备必要的专业知识，但只有专业知识很难成为好老师，甚至专业因素以外的因素更重要。在学生眼里，好老师的第一要素是公平公正，好老师不可能是势利眼。

36. 扎根课堂方成名师。最好的论文要"写"进课堂，最有价值的课题研究要直面学生。名师首先得是优秀教师，是一个有立场、善思考、不盲从的教师。教师的成长终归要靠自己。只有自己才能成就自己。做教育不是打篮球，光靠明星教师不行。

37. 更多的时候我们不能为考试而教，不能为分数而学。分数只对选拔和淘汰以及看得到的公平有意义。教育测量的一大问题是只测量那些能够测量的部分，忽略了无法测量但也许是更重要的部分，故测量的结果未必客观公正。眼中只有分数，分分计较，总是放不下，很难有大出息。为了考试的课堂和为了考试的教育与为了孩子的教育有着天壤之别，看不到这点不配做教育。

38. 教育是可以塑造人的，而真正的教育是在尊重人的个性的基础上适度塑造。教育要适度，要去除"过度"的教育。以人为本，就是要提倡适性教育与适度教育。"适性"就是让教育尊重具体人的个性，而"适度"就是受教育之外还要享受生活。

39. 特色不一定是独一无二，独一无二不见得就是学校特色。特色说到底是精神和文化内涵。

40. 提倡追求一流的服务水平和服务品质在现阶段的特殊意义在于，可以使教育回归其本质属性，使所有学校都有存在的价值，使所有教师的所有教育行为都有意义，使所有学生都能认识到接受教育的必要、获得教育的快乐，其身心在教育中得到健康成长。作为一所高定位的新建完中，不谈质量是没有现实立足点的，但我们可以选择一条更好的成长路径：提高教育服务品质。

结语：

2017年12月31日，在省级示范高中建设学校立项暨省一级达标高中现场评估结束后，我写了《不忘初心，继续前进——致全体附中人》的公开信。我在信中说："创建附中十年我只做了一件事——做人！此言不虚。2007年6月19日深夜，我乘坐的飞机降落在高崎机场，那是我第一次踏上福建的土地。在举目无亲的地方能做成一点事离不开别人的帮助。一点不夸张地说，在过去10年的每一天，我都在得到别人的帮助，包括你们在内；在附中发展的每个关键点，我们都得到了贵人相助，我们要铭记在心，我们要时刻感恩。10年来，我每天都记日记，我记住了所有人对附中的好，包括对我们的批评，那是我们前进的力量源泉。在我的心中矗立着一座丰碑，那上面刻着许多我要终生铭记的名字和要感谢的人。我们自然是勤勉的，但如果没有别人的帮助，我们必定寸步难行。"这里我要再次感谢在厦大附中创业创建的过程中给予我们无私帮助的人们！在示范高中建设翻开新篇章的时候，在省教育厅和德旺基础教育研究院的指导和支持下，我们得以以此书记录厦大附中创业创建15年历程，这是兼具历史意义和现实意义、继往开来的大事。我们将在新的起点上继续拼搏进取，守正创新，为福建基础教育发展贡献力量。

姚跃林

2023年2月

第一章

精准党建做引领　宽柔德育入细微

一、精准引领，党建工作更富实效

厦门大学附属实验中学（以下简称"厦大附中"）有党员142名，党员占教职工总人数的52%，党委下设5个支部。学校全面贯彻党的教育方针，坚持为党育人、为国育才，致力于教育的优质和公平的高度统一，办好人民满意的教育。历经16年跨越式高质量发展，学校赢得了社会的良好口碑，办学理念和办学成果也受到省内外同行的关注。

精准扶贫的启示：天下难事，必作于易；天下大事，必作于细。精准扶贫，做到六个精准，是脱贫攻坚取得胜利的基本方略。校党委从精准扶贫的成功中汲取智慧，决定党建也要抓细抓小抓实，引领示范高中创建这一重大工程。

（一）找准小切口——"一帮一"从党员走向全员

学校工作千头万绪，但中心都是教育教学，落脚点都是学生成人成才，而重难点在个性化学生身上。学校的教育教学基点面向大部分学生，大部分学生会跟随学校工作的节奏顺利地完成学业。学生中的两端呢？一端会出现特别学有余力，个别学科兴趣浓，又很自律有志向的学生，我们习惯把他们叫拔点生。这部分学生有老师的引领，会发展成为学科特长生，成为国家某一领域的栋梁。另外一端，则会出现多种原因下的后进生，表现为缺乏良好品质、不遵规守纪、同学关系紧张、沉迷手机、"早恋"、校园生活能力差、心理问题较严重、学习困难等。这部分学生得到老师的特别关爱，有利于他们顺利地渡过中学时代，为走向社会后成为合格公民打下基础，否则，不仅会影响到学生个人学业的完成，还会严重影响学风和校风。

在厦大附中，一个班大约有三五名个性化学生。如果党员教师能带头帮扶一名学生，他的工作能影响到班级其他教师，班级个性化学生的成长问题就能得到很好解决。2015年开始，校党委坚持开展党员教师与个性化学生"一帮一"志愿活动，在坚持中创新，在创新中发展，大体经历了三个阶段：

第一阶段是2015—2018年，初期规范阶段。2015年10月，党组织发出"一帮一"志愿活动倡议。在帮扶对象上，要求年段统筹安排，年段长、班主任和党员教师协调确定，一般是党员教师任课班级的学生；在帮扶形式上，不做统一要求，但帮扶前问题、帮扶目标、帮扶规划、过程变化要在党委统一印制的《"一帮一"工作手册》上有描述，每学期至少有三次过程性实录；在帮扶期限上，根据实际灵活确定，一般为一学年，也可以是二或三学年，甚或更长；在过程管理上，每学年党委组织一次大会交流、两次《"一帮一"工作手册》检查和通报、一次表彰，支部组织两次组织生活会主题交流。第一年有85名党员帮扶了89名后进学生，涌现了许多优秀典型。"学生表兄"——张凯老师，他自称是憨厚、胆怯、成绩差距大、同学关系紧张、经常被欺凌几近退学的初一小男生A同学的表兄，他用他的热情、真诚不仅使A同学留了下来，而且三年后以优异的中考成绩升入我校高中部，后来考进了一所211高校。学生的"半个妈妈"——廖敏老师，她帮扶自己班上一位矮小、迷茫、惶恐，父亲车祸去世，母亲智障，全靠早已头发花白连走路都颤巍巍的八十多岁老奶奶照顾，班上同学又排挤欺负的智障二级的小男孩，她说自己愿做他的"半个妈妈"，一个太多，半个就好。她用电动自行车带他上学，送他放学回家，给他充饭卡，送生日礼物，倾听他，教他学会理解、尊重、善良、宽容、从容、快乐，在他的心间播下了爱的种子。志愿活动被漳州市电视台"这方土地"栏目以《党员志愿活动，助力学生成长》为题进行了专题报道。进入第三个年头，像这样的故事越来越多，校党委经过精心宣传和组织，编撰了《党员教师与个性化学生"一帮一"志愿活动故事汇编》，入编了

60篇。老师们看到这本汇编后发出这样的感慨:"很让人感动,第一次发现我们身边有这么多值得敬仰的党员老师!""很让人提升,第一次如此被我们同事的育人智慧点亮!""这本汇编完全可以作为新入职教师的培训教材!"2018年8月,在厦大附中召开了"沪、粤、闽新时代学校德育工作实效性研讨会",校党委以"开辟中学校园立德树人的侧翼战场——党员教师与个性化学生'一帮一'志愿活动三年实践与思考"为题,进行了交流。

第二阶段是2019—2020年,专题深化阶段。2019年开学后,我们发现买房入户背景下新型留守儿童的问题比较突出。这一年新增买房入户的学生数超过了本地学生数。购房入户学生来自本省其他地市,甚至全国各地。这些学生中有166名在校外托管,部分学生半年甚至一年见不到父母,成为名副其实的留守儿童。他们中有的晚上玩手机或者玩闹到很晚,白天上课没精神,存在抄作业现象,成绩退步;有的学生间产生矛盾,为了对抗欺凌,在托管处竟藏有刀具,有安全隐患。女同学家长担心的更多。由于家长不在身边,这些问题发现后不易纠正。校党委调查研究之后决定开展"124主题帮扶行动",即一结对(一对一精准帮扶)、两提升(提升教师精准帮扶本领、提升托管全面服务本领)、四渗透(渗透价值观引领、渗透自主管理、渗透情趣培养、渗透安全教育)。活动开展之后,学生的亲情缺失弥补了,行为习惯养成了,安全和学习上也多了一位专属把关者。学生的违规违纪现象明显减少,学生心理阳光,学习态度、学习能力和文明素养得到提升。在活动开展后,党委姚跃林书记牵头,副书记、分管德育的宣传委员、德育主任参与,以"买房入户背景下学生托管的德育缺失和学校应对策略"为题申请了漳州市德育课题并顺利结题。课题研究总结出了三条有效应对策略:一是学校积极干预,开展"124主题帮扶行动";二是争取家长配合,学生合租,家长轮流陪伴;三是家、校、托管协同干预,三方及时互通信息,杜绝托管因经营压力不敢管,家长素质低管不了,学校管理中缺乏托管和家长配合的问题。

进入2020年,突如其来的新冠疫情,给教育带来从未有过的挑战。学生经历两个多月到四个月不等的加长版假期,长期不能接触自然和社会造成的孤独、缺少互动的线上学习的单调、临近高考和中考的学业压力、不和谐的亲子关系造成的烦躁等，引发部分学生出现较严重的心理问题，学业受到影响，有些学生甚至离家出走，甚或出现暴力倾向等。校党委发现问题后，及时研究对策：一方面坚持疫情防控停课不停学，另一方面号召党员在学生遇到困难的关键时刻迎难而上，全力做好疫情下与困难学生"一帮一"的工作。有的年段组织党员教师到社区给学生送学习资料，有的党员教师每天与问题学生保持短信沟通。特别是艺体美党小组发挥学科优势，愉悦学生身心，锻炼学生身体，线上教学有声有色，爷爷奶奶在家里和学生一起爱上了课堂。《闽南日报》以《厦大附中"体育老师天团"C位出道》为题报道了他们的事迹。这一年8月，校党委将61位党员的感人帮扶故事汇编为《不忘初心，砥砺前行——疫情下的师生帮扶故事》。有了这段经历，后来的两年多在疫情间断性突发加剧的情况下，厦大附中的师生从容应对，未出现一例因疫情导致的严重安全事故。特别是在2022年6月8日凌晨，学校所在区域发生严重疫情，小区紧急隔离，厦大附中在凌晨用了三个半小时动员了53位党员和教师紧急增设12个隔离考场，确保高考零事故，这是全省首例，也是唯一一例。市考点蹲点领导、市教育局杜仁江副局长感慨道：附中的老师真能做事！

第三阶段是2021年之后，全员参与、全面铺开阶段。这一阶段的突出特点是党员示范，教师全员参与，从个性化学生帮扶拓展到新入职青年教师帮扶，以及乡村振兴战略背景下对老少边区薄弱校的帮扶。

2020年十一假期过后，市教育局紧急召开了中小学安全工作会议，通报了假期五起学生重大安全事故，最突出的原因是学生心理问题。这次情况通报，给校党委很大震动。校党委结合附中校园安全问题，从细从实高标准落实5A级平安校园创建和省文明校园创建的要求，将"一帮一"党员志愿活动再向前推一步，倡议党员示范，教师全员参与，扩大学生帮扶面。同时，为了提高帮扶质量，将帮扶对象扩展到新入职青年教师。2022年，师生结对帮扶246人，党员骨干教师和新入职教师师徒结对72对，党员骨干班主任和新任班主任结对18对。非党员青年班主任刘老师的班级有6名学生出现心理问题，这些学生都经过医生诊断后用药，其中3名学生为休学后复学，最严重的一名学生休学两年。在这种情况下，担任该班教学工作的教务处钟宜福主任和年段长黄海老师自觉担负起帮扶刘老师的工作，指导她帮学生打开心结，与家长有效沟通。刘老师温文尔雅、细致耐心，坚持每天与学生谈心，一次次把学生从宿舍的衣柜中劝导回教室上课，使学生树立自信，慢慢回归正常学习生活。高考后6名学生都收到了本科高校录取通知书，其中两名学生还考入211高校。其中一名学生的家长是开发区引进人才，为孩子的健康成长和顺利考入大学无比高兴。有的青年教师长期帮扶有心理问题的学生，在学生情绪异常时，会安排学生到自己的家里住一周。有的老师为缓解有心理问题学生的紧张情绪，每天带各种造型的小点心给学生当早点。还有的党员骨干教师指导青年教师如何在各种情况下与家长有效沟通，找到帮助问题学生进步的"金钥匙"，解决班级管理中的"刺头"，等等。教师全员帮扶学生，青年教师自己接受帮扶的同时也帮扶学生。在厦大附中，和谐的师生关系成为校园最美的风景。

2022年，校党委根据招商局集团和厦门大学的安排，组织学校参与了振兴乡村计划，实施了对老少边区的云南永仁一中、贵州威宁育才中学、江西井冈山大学附属中学、宁夏彭阳一中的帮扶。暑期云南永仁一中62名彝族同学第一次走出深山，第一次乘坐飞机，第一次乘坐轮船，第一次看到大海，到我校开展了为期8天的夏令营活动。他们看到了一座充满人文气息的现代化美丽校园，接触到一群充满理想、朝气蓬勃、向上向善的同龄人，同学们也由拘谨慢慢变得自然大方。2022学年下学期，在疫情背景下我校面向帮扶校开展了四期"每周一播"远程教学，反响热烈。就在2023年3月，学校派出教学副校长、德育处主任、教研室主任、数学教研组长、一位特级教师、三位正高级教师赴宁夏彭阳一中进行教学管理交流。

（二）拓展大融合——"一帮一"从"单一融合"走向"五融合"

8年的"一帮一"活动，使学校党建工作与学校中心工作融合生长，从最初与学生全面可持续健康成长的"单一融合"逐步扩展成与教师专业发展、家庭教育、学校高质量发展、示范高中辐射"五融合"的大融合局面，特别是2017年学校启动省示范高中建设以来，各项工作取得了较突出的成果。

1. **个性化学生健康发展成果显著**

首先，守住了学生校园安全、体质健康和辍学率达标，以及无涉嫌犯罪的底线，学生阳光向上。购房入户上学的新型留守儿童中托管生的人数年年递增，高中生心理健康问题也越来越突出，这些问题的背后当然有许多无奈的社会或家庭原因，但客观上给学校管理带来了挑战。"一帮一"活动是直面挑战，在制度、机制上的成功探索。其次，面向全体的教学质量长期稳定在高位。学校在"十三五"发展规划期间，高考平均本一上线率80.56%，平均本科上线率99.37%。第三，学科特长生培养特色鲜明。截至2023年，学生在五大学科奥赛全国总决赛中获金牌3枚、银牌8枚、铜牌4枚，两名学生被清华大学"丘成桐数学科学领军人才培养计划"录取，3名学生被中国科技大学少年班录取，24名学生被北大清华录取，学生公开发表文章2000余篇，出版个人作品集14部。

2022届陈宇浩同学在初一时参加全国青少年魔方大赛荣获特等奖，并表现出对数学的兴趣，经过青年党员、班主任、数学老师曾继成的培养，高二时斩获全国数学奥林匹克竞赛金奖，被清华大学"丘成桐数学科学领军人才培养计划"提前录取。他所在的高三（1）班共46名学生，100%升入本科院校，其中29名考入985高校。

2. **青年教师专业成长得到有效助力**

随着学校规模迅速扩大，新上岗的青年教师占比越来越大，这些年轻教师工作压力大，又缺乏工作经验，而面对的学生情况却极为复杂，实际工作中出现了个别处理学生问题简单粗暴，与学生或家长关系紧张的情况，甚至影响到学校的社会形象。通过"一帮一"活动，学校积极引导青年教师将论文写在课堂上，写在学生帮扶中，不仅增强了青年教师自主成长的意识，也提供了专业成长的平台。有的教师课堂教学技能精湛，摘取了全省课堂教学技能大赛奖；有的成为全国奥赛金牌教练；有的教学得法，成绩突出，赢得家长学生信赖。在第四届省中小学教师教学技能大赛中，我校4位青年教师获奖者中党员3名，其中两位教师分获语文、生物第一名。仅2022年，教师在各类业务竞赛中获市级以上奖项69个；公开发表教育教学论文113篇，出版教育专著一部；评选区级骨干教师、学科带头人52人；在省中小学实验教学说课比赛中，我校有3位老师分别获得一、二等奖并被推荐参加全国比赛。

3. 家长和学校建立了良好的同盟关系

家长的口碑是对学校最好的宣传。在厦大附中有这么一种现象，一个家庭中如果有一个孩子上了附中，他的弟弟妹妹、亲戚家的孩子也会不断地走进附中，成为附中的学生。出现这种现象的原因就在于家长的口碑。在"一帮一"活动中，青年教师深刻认识到家长是老师的同盟军。有位青年教师帮扶班级的一名问题学生，这名学生自由散漫，行为习惯很不好，午间休息往同学身上喷水，课间往教师水杯中投放粉笔头，上课给女同学写语言污秽的字条等，屡教不改。年轻班主任缺乏与家长和学生沟通的策略，管理情绪的意识不够，造成家校沟通不畅，师生关系对立，班级管理遭遇瓶颈。后来经过帮扶指导，这位青年教师注意到该学生成绩中等，有一定文化课基础，老师批评不顶嘴，从肯定学生的优点出发，赢得家长的支持，经过一段时间的沟通帮扶，学生各方面情况好转。桃李不言，下自成蹊。开发区当地、漳州，乃至周边地区的群众对我校面向全体学生全面提高教育教学质量所取得的成绩给予了许多赞扬。

4. 学校走上内涵式高质量发展道路

怎样的人才观、质量观，是一所学校事关发展根本的必答题。厦大附中对质量的关注从来都是建立在坚持立德树人、为党育人、为国育才与尊重学生人格尊严、个人选择和人生幸福有机统一之上的。学校不仅是漳州市高考功勋学校、初中教育教学质量先进学校，也是福建省首批文明校园、5A级平安校园、中小学劳动教育实践特色项目校，更是全国足球、篮球特色校，国防特色校，中小学中华优秀传统文化传承学校。2022年8月，学校观摩天津南开中学举办的第21届全国女子数学奥赛并接过会旗，正式启动2023年第22届中国女子数学奥赛的承办工作。

5. 薄弱校帮扶工作扎实推进

学校积极参与教育部、招商局集团和省示范高中建设确定的校际帮扶工作。结对帮扶的对象有漳州开发区海滨学校、漳州五中、莆田三中、漳州市港尾中学及省外老少边区五所学校。对于省内帮扶校，根据对方需求，走进学校进行现场教学交流，全年共派出数十位优秀教师到帮扶校开课、开讲座，反响良好。对于省外帮扶校，受疫情影响，采取线上线下相结合方式开展多样教学交流，内容包括高三复习视频课诊断交流、高三专题复习方略探讨、主题教研活动远程观摩交流、示范课观摩、主题班会观摩等，得到受扶学校好评。

在大融合发展中，我们有以下几点体会：一是深刻认识到教育的本质是服务，价值也在服务；党员教师帮学生就是帮自己，厦大附中帮扶薄弱校就是在提升自己。二是帮扶学生的重点在于走进学生心灵，难点在于改变他们的惯性状态。三是教师专业成长的巅峰在个性化学生帮扶的难处和远处。四是学校高质量发展的关键在于个性化学生健康成长的突破。五是薄弱校帮扶重点在于同频共振。

（三）小切口、大融合党建模式的深层逻辑

2017年省示范高中建设启动后，校党委认真对照相关指标，用党建引领创建。在实践中，我们不断探索、完善，将思路转化为具体的模式，并以成效证明了此中深层逻辑的科学性。

1. 强化了政治核心作用

思想是行动的先导。学习党的理论的重要性不言而喻，但基层组织容易出现党员学习流于形式且形式单一、效果不好的问题。创建示范高中工作启动后，校党委号召全体党员和教师对标创建要求，立足岗位找差距，在"一帮一"中找问题，带着问题去学习。校党委首先坚持周例会学习制度，做学习的模范。同时，从党员教师队伍学历高、学养较深厚的实际出发，利用QQ"附中办公群"和校园网站"网上党校"专栏，及时推出了"党委荐文"——党员自助式理论学习平台。党委每周从有关示范高中创建的要求或兄弟校创建经验的文章，以及党报党刊中文质兼美、时事性强、又与学校中心工作密切相关的美文中遴选5～10篇推荐，每月30余篇，每年三五百篇，月复一月，年复一年。教师在自由阅读中既自觉对标了示范高中创建，又坚定了理想信念，践行了党的教育方针和政策。党员教师林运来，2016年入党，是数学教研组组长，也是"一帮一"活动中的先进代表，连续三年被表彰为学校理论学习标兵。他的《讲好中国故事，助力专业成长》等理论学习文章发表在中文核心期刊《中学政治教学参考》及《中国教育报》上，此外公开发表论文两百余篇，撰写中学数学教学专著三部。在他的带领下，我校成为省数学优势学科基地校，学生夺得全国数学奥赛奖牌6枚。林老师2022年被评为正高级教师。

2. 发挥了组织保障作用

组织严密就会力量倍增，体系健全方能行动有力。在学校的教育教学管理中，容易出现党组织政治功能弱化的现象，为了从组织架构上落实对学校全面工作的领导，校党委在"一帮一"活动中建立了党政融通，将党建渗透到各项工作神经末梢的机制体系。以前，校党委建立了一条工作主线：学校党政联席会——教研与党建联席会。将党支部建在教研组，以保持支部队伍的稳定，在教师的专业成长中发挥党员的示范作用。"一帮一"活动开展后，考虑到帮扶只有与年段管理目标紧密结合，由年段统筹，班主任协调，科任教师主抓，才能保障帮扶的成效，于是建立了另一条并行的党建主线：学校党政联席会——年段工作与党建联席会。这样，通过两条主线，基本实现了学校全面工作从决策到落实全过程的党政融通。学校初高中六个年段，每个年段都有一位党委委员联系分管，形成了党建和各项工作生动活泼、竞争有序的好局面。特别是初中部，每个年段七八百名学生，都是自然生源，由于帮扶工作精准到位，几乎没有学生辍学，2022年中考94％学生达普高分数线。高中部2021年本科升学率100％。

3. 突出了党委文化引领作用

一个人的高尚，必然源自其精神的高尚；一所学校的卓越，必然源自其文化的卓越。从创校开始，校党委书记、校长姚跃林给自己确立的首责就是构建共同的文化价值观，最终形成附中精神，用文化的力量推动学校持续健康发展。16年来姚校长总是朝六晚七，每天巡视校园后计步器显示2.5万步左右，他力求做与师生距离最近的那个校长。十几年如一日，他坚持写出了800余篇共计近三百万字的博文，他的《让教育带着温度落地》等六部教育著作被收入华东师范大学出版社品牌丛书"大夏书系"。

他是文化立校的倡导者，也是笃行者。他的书中收录了《教育无非服务》《师生关系是教师的必修课》《优秀教师自身就是"优质课程"》《好的家校关系就是好的教育》《再谈学生的现实快乐》《要给学困生找出路》《让孩子在成长的路上不再孤独》等太多的帮扶故事，《福建教育》杂志曾开设"姚跃林侃校园故事"专栏。2022年8月，姚校长应邀在福州市中小学领导干部办学治校能力专题研训班上作了《您就是我们的"专属客服"——贴近学生做校长》的主题分享，凝练展示了附中文化，也凝练展示了"一帮一"活动展现的附中人的志愿服务精神。

附中的教师，是全中国最专注于教育教学服务、最具专业素养的教师群体之一；附中的学生，是全中国最阳光向上、最懂礼貌的学生群体之一；附中的师生关系，同样也是全中国校园最美的师生关系之一。所有这一切，来自"一帮一"精准党建引领示范高中创建，来自党对学校工作的全面领导。

二、宽柔以教，德育工作更有温度

德育工作是一个学校工作的灵魂，其目标在于涵养学生良好的思想品德和健康的人格素质，德育工作贯穿德、智、体、美、劳五育实践的各个方面，统领整个学校教育。厦大附中的德育工作始终遵循教育部印发的《中小学德育工作指南》（教基〔2017〕8号）的文件精神，落实立德树人根本任务，融合"做幸福的平凡人"等学校价值理念，促进学生全面发展，为学生终身发展奠定坚实基础。

通过德育工作使受教育者的思想品德和人格素养达到总体要求，是厦大附中德育工作的目的和出发点，也是衡量工作成果和工作质量的标准，这一德育理念不仅决定了德育的内容、形式和方法，而且影响着德育工作的基本过程。

（一）以规矩正方圆，德育制度系统规范

无规矩不成方圆，无六律不正五音。为了使学校的德育工作有章可循，有法可依，优化德育管理的流程，提高德育工作实效，真正落实学校

教育立德树人这一根本任务，厦大附中经过多年的探索与实践，逐步形成了一整套科学化、体系化、行之有效的德育工作制度。在贯彻落实德育工作过程中，我们坚持社会主义办学方向，牢牢把握中小学思想政治和德育工作主导权，同时遵循中小学生年龄特点、认知规律和教育规律，注重知行统一，强化道德实践、情感培育和行为习惯养成，努力增强德育工作的吸引力、感染力和针对性、实效性。

1. 木直中绳，新生入学教育先入为主

常言说，万事开头难。新生入学教育在学校德育工作中至关重要，关系到后续学生行为规范能否养成并内化为自觉行为。入学教育的重点在于让新生了解学校的规章制度和特有的校园文化，体悟学校的办学理念，为形成价值认同打下坚实的基础。每学年开学之初，学校制订并实施高一新生军训计划，军训期间，除了进行军事训练外，还通过参观校园、开设讲座等多种形式对七年级和高一新生进行人生观教育和行为规范养成教育，以促进新生形成良好的日常行为规范，更好地适应附中的学习生活。

2. 术业专攻，班主任尚德笃行

厦大附中班主任工作室主题沙龙

班级是学校的基本单位，积极向上的班集体氛围有助于形成催人奋进的精神风貌，对于学生形成良好的思想品德和健康的人格素质有着重要的作用。作为一班之主的班主任，一言一行潜移默化地影响着学生。为促进学生健康成长，不断提升班主任的工作素养，提高班主任工作的专业水平，是学校德育工作的重要内容。班主任在提升专业管理素养后，努力践履所学，使所学最终有所落实，真正做到尚德笃行。厦大附中主要通过以下方式，不断提升班主任工作的专业水平。首先，每学期定期开展班主任培训工作，举办德育工作经验交流会、针对特定问题的主题沙龙活动，在交流互鉴中，班主任的管理素养得到了提升。其次，学校以电子或纸质的班主任工作手册为抓手，要求每位班主任围绕工作手册中的要点开展工作，同时做好工作手册的记录工作，年段及德育处定期对工作手册进行检查，以评定班主任的工作成效。再次，每位班主任每学年需要将个人的工作心得加以总结提炼，撰写德育论文，学校每学年将德育论文汇编成册，供全校教师学习交流。至2022年，我校已汇编了《厦大附中德育论文集》十三辑。

3. 规圆矩方，常规养成教育循序渐进

苏霍姆林斯基说过："如果作为道德素养的最重要的真理在少年时期没有成为习惯，那么，所造成的损失是永远无法弥补的。"中小学时期既是青少年生理、心理急剧发育、变化的重要时期，也是增长知识、接受良好道德品质和行为习惯养成教育的最佳时期。因此，扎扎实实地抓好学生常规养成教育是德育工作的重中之重，学校为真正促进学生良好行为规范的养成，依据《中小学生日常行为规范》《中学生守则》等相关规则，结合我校寄宿制学校的特点，多次修订《厦门大学附属实验中学学生手册》，学生人手一册，班主任依据手册对学生进行常规教育，手册已成为学生行为规范养成教育的重要载体。

4. 并驱争先，校风先进班级逞妍斗色

班集体是学校根据教育和管理的需要而组织起来的基层集体，是学生

置身其间学习和生活的环境。为促进各个班级真正创建起优秀的班集体，学校制订了校风先进班级评比制度，通过校学生会纪检组等部门的每周常规检查，对各个班级进行量化评比，评比内容涉及班级的卫生保洁、宿舍管理、校服校徽、晨会出操、公物爱护等项目。校风先进班级评比与各班自行设计的班牌有机结合，每个月进行星级班级评比，每获得一个红五星就在班牌上贴星，每学期进行总评比，各班级将获得五星、四星、三星班级等荣誉称号。这一制度的有效实施，既有利于促进学校班级各项工作的正常开展，又有利于增强班级学生集体荣誉感和班集体的凝聚力，形成了百花齐放、争奇斗艳的良性竞争局面。

高一（10）班，扬起风帆；自强不息，勇争第一。

校风先进班级（星级指数）：☆☆☆☆☆

5. 和谐共融，家校密切联系共育良才

建立良好的家校联系，发挥家长作用，对促进学校与家庭的合作，优化育人环境，建设现代学校制度，具有重要意义。厦大附中在密切家校联系方面，作了许多有益的尝试。学校坚持协同配合的德育工作原则，发挥学校主导作用，引导家庭、社会增强育人责任意识，提高对学生道德发展、成长成才的重视程度和参与度，形成学校、家庭、社会协调一致的育人合力。

（1）充分发挥家长委员会的桥梁作用。让家长委员会参与学校管理，参与教育工作，沟通学校与家庭。至2022年，我校已开展了九届家委会活动，有效地调动了家长参与学校管理的积极性，家长委员会对学校工作计划和重要决策，特别是事关学生和家长切身利益的事项提出了许多意见和建议。

（2）定期开展家访和家长会活动。了解学情是教师开展德育工作的前提，厦大附中在密切家校联系工作中，要求班主任及科任教师共同配合，每学期需要对本班学生进行点对点家访工作，辅之以电话、QQ、微信等形式的家访，及时与家长沟通。每学期定期召开家长会，即使在疫情期间，线上的家长会仍有计划地开展，从不懈怠，这些工作为密切家校联系作了充分的准备。

（3）用心搭建社区家长学校平台。厦大附中开展"家长学校走进社区"活动，在白沙、店地、大径社区创建了家长学校，利用这一平台，不定期到社区开展相关的家长教育活动。通过开设家庭教育知识讲座，举办家长咨询会等活动，更新了家长的

白沙社区家长学校座谈会

教育观念，提高了家长们的自身素质，对更充分地发挥家长在家庭教育中的作用也起到了深远的影响。

（4）充分利用家长资源。在分析学情的基础上，挖掘家长资源，利用不同行业的家长所具备的专业知识，鼓励并先后发动家长开设了"艺术随想""民法典知识""急救知识""金融与理财"等讲座、座谈会，既拓宽了学生的视野，也丰富了学校教育的内涵。

家长讲座《艺术随想》

总之，科学合理的德育管理制度既能调动班主任工作积极性，也能调动学生遵守行为规范的自觉性和主动性，而评价管理制度的优劣，要基于共同的价值认同，厦大附中德育管理制度力求制度的科学性与整体的价值认同相统一。

（二）以理念导行动，德育常规有效落地

理念是行动的先导，一定的发展实践是由一定的发展理念来引领的，学校教育理念从根本上决定着一个学校的教育成效，决定着德育工作立德树人这一根本目标能否真正落地。厦大附中通过推进德育工作制度化、常态化，创新途径和载体，将中小学德育工作要求融入到学校各项日常工作中，努力形成一以贯之、久久为功的德育工作长效机制。

厦大附中的办学理念是：以人为本，以德育人，自立立人，和谐发展。与之相谐的德育常规如何有效落实，是学校德育工作时刻重视的问题。

1. 纲举目张，推进主题班会模块化

主题班会作为学校德育工作的重要形式，在提升班级管理功效、营造班级育人环境、形成班级正氛围效应等方面有不可替代的作用。厦大附中系统构建了主题班会模块化课程，并使主题教育内容内化为学生的道德意识，外化为日常行为规范。教育本身就是系统性的工程，是一个逐步演进、不断涵养的过程，厦大附中在主题班会的设计和规划中运用模块建构的方法，通过模块化设计，有目的地筛选、提炼、策划相应的班会主题，分阶段有计划地对学生进行教育。在模块建构过程中，要真正将五育并举落到实处，促进学生全面发展。下面呈现了厦大附中主题班会模块化设计的部分范例。

厦大附中主题班会模块化设计范例

维度	模块	参考主题
德育	人格、情感、情绪培育	（1）朋辈关爱，让心靠近；（2）感恩与回馈；（3）尊敬师长，学会感恩；（4）悟孝心，践孝行；（5）非智力因素与成功；（6）自信、自律与自强；（7）掌握管理情绪的技能；（8）做一个讲诚信、负责任的人。
	爱国主义教育	（1）爱国爱家；（2）中国现代化军工发展——国防教育；（3）国家安全，人人有责；（4）崇尚英雄，精忠报国。
	法治教育	（1）学习宪法；（2）你我与法同行；（3）疫情下公民的法律责任；（4）公民与《中华人民共和国民法典》。
	社会公德教育	（1）遵守"八不"行为规范，做文明公民；（2）远离欺凌，友善待人；（3）守规则，明事理；（4）节约用水，从细节做起；（5）勤俭节约，理性消费。
智育	学习能力及学习兴趣	（1）勤学与巧学；（2）学会管理时间；（3）掌握科学的学习方法；（4）提升学习能力及学习兴趣；（5）预防及矫治不良的学习行为；（6）提高自主学习效率；（7）善于总结，学会学习；（8）学会阅读与思考。

续表

维度	模块	参考主题
体育	体育运动能力及安全意识	(1) 体育与健康；(2) 体育与抗挫教育；(3) 运动安全知多少；(4) 文明其精神，野蛮其体魄；(5) 我运动，我快乐。
美育	培育学生发现美好的能力	(1) 悦读美好；(2) 说普通话，写规范字；(3) 向着太阳生长；(4) 学雷锋，树新风；(5) 拒绝邪教，阳光生活；(6) 学习《中学生日常行为规范》；(7) 文明修身，德润言行；(8) 梦想照亮现实；(9) 生命意义与价值。
安全教育	各种自我安全保护能力	(1) 健康饮食，快乐成长；(2) 擦亮眼，防诈骗；(3) 学会自我保护；(4) 珍爱生命，预防溺水；(5) 防火、防震、防溺水；(6) 远离毒品，健康生活；(7) 交通安全记在心；(8) 食品安全记心中；(9) 用电、用气、用火安全；(10) 网络安全。
劳动教育	明确劳动价值，掌握劳动技能	(1) 劳动创造幸福； (2) 劳动最光荣； (3) 美属于劳动者；(4) 劳动研学之旅；(5) 现代农业发展的认知。
生涯规划	人生道路的正确选择	(1) 你了解中国的大学吗；(2) 理想、职业与人生；(3) 学会规划自己的人生；(4) 无奋斗不青春；(5) 人生没有彩排；(6) 化压为力，披荆斩棘。

厦大附中主题班会模块，遵循教育部印发的《中小学德育工作指南》的精神，以促进学生全面发展，落实立德树人根本任务为目标指向，融合"做幸福的平凡人"等学校价值理念进行系统设计。

厦大附中主题班会作为一项常规工作，主题目标导向明确，构建模块系统，通过多维实施使主题践行落地。

2. 润物无声，强化晨会宣讲针对性

学校的日常行为规范落实方法是多种多样的，晨会宣讲活动是厦大附中的一个特色活动，在全校师生晨会集中或每日的晨操结束后，学校针对不同时段学生出现的问题，通过宣传、通报、演讲等形式，引导和教育学生遵守学校日常行为规范，如仪容仪表要求的宣传、食堂就餐排队要求的宣传、宿舍作息情况的通报、教室桌椅摆放情况的通报、教室三关情况的通报、拾金不昧同学的表扬通报、违纪学生的处理通报、"诚信意识"的演讲、"做自己的首席安全官"的演讲、"预防校园欺凌"的演讲等，让学生在情况通报和教师的讲评、演讲中，明确什么是真善美，什么是假丑恶，激发学生人性的美好，形成全体同学的共识。晨会宣讲活动在引导学生自觉遵守日常行为规范方面有着不可替代的作用，晨会宣讲活动使学生的诚信意识、规则意识、感恩意识、安全意识等得以潜移默化地形成，并能外化成自觉的日常行为规范。

3. 知行合一，促进社会实践活动体系化

政治组九且山庄社会调查活动

社会实践和研学活动是课堂教学的延伸，它既是一种学校教育，也是一种社会教育，是实行素质教育客观有效的途径。学生通过参与社会实践和研学活动，从社会中获取知识、发现问题。同时，社会实践与研学活动也是探索和创新的源泉。立足于提高学生的综合素质和实践能力，厦大附中已基本形成了社会实践活动体系，主要活动项目有：八年级的漳州科技学院研学活动、高中一年级的蜜原农场有机农业研学活动、高中二年级的东南花都现代农业研学活动。政治组的社会调查活动更是我校一项独具特色的社会实践活动项目,活动的范围十分广泛:新农村建设示范村田头村社会调查活动,以了解现阶段我国新农村建设的成就及存在的问题;区内世界五百强外资企业豪氏威马有限公司社会调查,以研究外资企业在中国发展的历史及经验;红色继鳌堂社会调研活动,以体悟华侨的红色革命精神;华安县高安镇九旦山庄、坪水畲族村社会调查活动,以了解我国乡村振兴战略的前景。研学活动结束后,学生能在调查实践基础上形成研究性学习报告并开展宣讲。

知者行之始,行者知之成。通过这些社会实践活动,学生的知识面得到拓宽,自主探究意识得到强化,团结协作能力得到提升,学生既了解了国家的发展及社会的进步,也真正懂得每个人在实现中国梦的进程中所应承担的责任与担当。

4. 前路有光,让优秀成为一种习惯

但行好事,莫问前程,前路有光,初心莫忘。落实立德树人这一根本任务,就应该用社会主义核心价值观潜移默化地教化学生,培养学生"爱国、敬业、诚信、友善"的品质。厦大附中在培育和弘扬社会主义核心价值观方面做了许多努力。

(1) 守住宣传阵地。走进附中,绿意恣肆、风光旖旎。附中除了优美的校园环境,还有一道美丽的风景,那就是班级走廊橱窗和班内的黑板报,这是学生施展才华、增进合作、缓解压力、拓宽视野、丰富课外活动、获得思想教育的好阵地。附中班级

班内黑板报

橱窗、黑板报宣传由学生进行选材、构思、设计、绘制,教师只是协助,可以总结为学生为主、老师为辅、系列主题、有序宣传、设计新颖、文字优美、画艺精湛。通过主题班会、黑板报、橱窗报栏进行国家大事宣传,

结合不同节日进行相关专题的宣传，高中部学生晚自习前十五分钟观看时政新闻，林林总总，让学生真正做到国事、家事、天下事，事事关心，增强守法意识，培养爱国情怀。

（2）树立学习楷模。学生有做好事行为，德育处给其发放修身荣誉卡，通过累积评比，每学年评出修身模范标兵，并在学生毕业典礼上加以表彰。

（3）志愿者在行动。在厦大附中，攒动的志愿者小红帽格外耀眼。在返校日子为同学搬运行李，在图书馆书柜间整理错乱的书籍，每天在校门口维持初中部离校秩序，以及大型活动如运动会，时时刻刻可以看到他们忙碌的身影。志愿者服务队以服务学校、服务同学为宗旨，对每一项工作尽心尽责，从中体悟社会责任感，也体悟奉献精神和团队精神。

厦大附中志愿者到社区服务

（三）以关爱润美善，走进心灵生动教育

教育无非服务，德育应如春风，以爱心化雨滋润美善，助力学生身心健康成长。

1. 宽柔以教，不报无道

学生在日常学习生活中，难免偶尔犯错误，违反校规校纪，如何为学生纠偏，并加以正确引导，是学校德育工作的难题。"宽柔以教，不报无道"，就是说德育工作需要用宽厚温和的方式去做。厦大附中作为一所公办完全中学，既有初中部，又有高中部，既有通勤学生，又有寄宿生，这无疑大大增加了学校的管理难度。初中部学生违纪现象主要在于打架斗殴、小偷小摸、插队、拉小帮派等，高中部学生违纪现象主要在于男女生交往过密、私自带智能手机进入校园等，针对不同学段学生的违纪特点，学校采取不同方式加强教育，德育处为此制定了相应的惩戒制度。首先，通过《厦大附中学生手册》和晨会宣讲活动，引导学生树立规则意识。其次，对于违规违纪的学生，年段长、班主任、家长与学生一起，通过约谈，摆事实，讲道理，分析原因，认识危害，帮助学生从内心真正认识自己的错误，自觉纠正偏差。曾有一位学习成绩较好的初中部女生，在教室、图书馆多次盗取其他同学的钱物，德育处通过监控追踪发现后，多次约谈家长和该同学，分析其违纪的真实原因，引导该女生认识自己犯错的心理因素，走回正确的轨道。后来该女生就读高中时，有一次将捡到的几百元上交德育处，归还给失主。这是一个知错能改的典型案例。对于小偷小摸、男女同学交往过密等违规行为，德育处采用了"告知书"的形式，让学生明白：有些违纪行为比全校通报的违纪行为性质更严重，但没有全校通报，处分决定只在年段长、班主任和家长范围内告知，目的是保护学生的身心健康。不同类型的违纪行为有不同的处理方式，但约谈家长，用爱心感化学生，引导家校一同教育学生，是宽柔之教，是以尊重和保护学生为前提的有效教育手段。

宽柔以教

2. 助学筑梦，励志成才

教育公平是人的全面发展和社会公平正义的重要基础，促进教育公平，是中国共产党领导人民实现两个一百年奋斗目标进程中的一项具有全局性、战略性的任务，也是我国教育改革和发展坚定不移追求的目标。为了促进教育公平，助力贫困学生圆梦成长，厦大附中多年来逐步健全学生资助制度，切实保障经济困难家庭、开发区务工人员子女平等接受义务教育的机会。德育处通过认真摸排，对建档立卡户、家庭贫困的学生进行资助，从 2017 年至 2022 年，为学生发放国家助学金和免学费达 671925 元，把党和国家的关爱送给贫困学生，为贫困学生助学圆梦。

厦大附中国家扶贫助学金发放情况

	2017—2018 学年		2018—2019 学年		2019—2020 学年		2020—2021 学年		2021—2022 学年	
	上学期	下学期	上学期	下学期	上学期	下学期	上学期	下学期	上学期	下学期
助学金(元)	48000	54600	51850	47600	39775	41475	45575	46200	40425	40425
免学费(元)	10400	12000	13600	13600	28000	29600	29600	29600	24800	24800
合计	58400	66600	65450	61200	67775	71075	75175	75800	65225	65225

3. 心路旅程，陪伴成长

每个人都希望活得快乐、健康、有意义、有价值。每个人都有自我实现的需求，但每个人的成长之路都不会是平坦的。近些年，青少年的心理健康和精神障碍问题日益突出。当学生遇到困难与挑战，身心痛苦，甚至产生轻生的念头时，要如何帮助学生防治心理疾病，排解困扰，让学生适应复杂的世界并很好地生活？学校的心理咨询室成为了这个战场的主力。

化解心理难题，疗愈青春伤痛，厦大附中心理咨询室时刻在行动。学校心理咨询室每学期开学初均会对初高中新生进行心理健康测查，并建立心理健康档案，形成了《厦大附中××××级入学新生心理健康状况调查报告以及建议》，并将测查结果及时反馈给相关领导和班主任，做好早发现、早干预、早转介相关工作。除此之外，利用学校各种阵地，推进心理健康教育工作。每学期组织各类讲座以及团体心理辅导几十次，充分满足各年段及相关班级的团队活动需要；由厦大附中心理咨询室主办的《心语》小报，分为学生版和家长版，针对学生的常见心理困惑定期组织材料，宣传、普及心理健康知识。至 2022 年底，我校《心语》小报学生版已办 97 期，家长版已办 8 期。《心语》小报既是关爱学生、化解学生心理难题的重要载体，也是厦大附中心理咨询工作的一大特色。2019 年 6 月，厦大附中心理咨询室入选第二批省级中小学心理健康教育名师工作室，领衔教师为赵曼丽。2021年12月，厦大附中入选首批漳州市中小学心理健康教育特色学校。

4. 社团育兴趣，鼓励个性发展

厦大附中坚持以社团育兴趣，尊重学生个性，鼓励学生发挥特长，施展才华。

社团活动海报

（1）种类多样，选择面广。厦大附中学生社团种类多样。学校坚持以育人为核心，以培养学生德智体美劳全面发展为目标，依据社团性质创办服务类和兴趣类两大类社团，以社团活动引领学生发展。服务类社团有学生会、青年志愿者服务队、亦乐园志工队、广播站、时事社；兴趣类社团有诵读社、外文社、灯谜协会、围棋社、象棋社、心理社、南溟汉文化社、天文社、摄影协会、科创社、动画社、3D社、编程社、书法社、现代诗社、舞蹈队、音乐社、合唱团、足球队、篮球队、武术队、花样跳绳队、健美操队、乒乓球队、文学社，共30个社团。每学年初会有为期三周的社团纳新活动，各大社团"招兵买马"，学生可根据自己的兴趣爱好加入喜欢的社团。社团管理坚持民主化原则，学生自我管理、自我决策、自主开展活动，发展个性的同时也提升了学生的综合能力。

（2）活动丰富，搭建平台。丰富多彩的社团活动为学生提供了发挥特长、追逐梦想的平台，也丰富了校园文化生活，为校园增添了活力。各社团承办的传统活动有：社团纳新、学代会、社团迎新文艺汇演、文学社汉字听写大赛和辩论赛、灯谜协会灯谜展猜、南溟汉文化社传统文化知识竞赛、志愿者进社区慰问老人、时事社时政知识竞赛、心理社蜗牛慢递、象棋社象棋比赛、学生会跳蚤市场和合唱节、音乐社音乐节、诵读社主题诵读活动、天文社观天象活动等。12月是校园文化月，文化月传统活动有：十佳歌手大赛、戏剧节、运动会、篝火晚会、围棋社"亦乐杯"围棋比赛、志愿者"体验生活"、几大社团联合开展的"亦乐杯"解谜比赛、外文社趣配音和迎新年晚会、广播站迎新年特别栏目、编程社创意编程大赛、科创社装机大赛、3D打印、动画展播活动、乒乓球比赛、书法社迎新年赠写对联活动、摄影协会短视频大赛、迎新年广场钢琴演奏会等。形式多样的社团活动满足了学生的不同需求，促进学生全面发展。

（3）特色凸显，成效显著。学生参与社团活动不仅培养了兴趣，而且提升了个人能力。我校文学社和时事社均有社团刊物，文学社在语文组老师的指导下主办《亦乐园》杂志、《观澜报》、《言蹊》电子刊，时事社在政治组老师的指导下主办《思想者》杂志。自创刊以来，截至2023年3月，《观澜报》出版了69期，《亦乐园》出版了8期，《言蹊》出版了28期，《思想者》出版了102期。从征稿、选稿到编辑、排版、印刷，社员在老师指导下分工协作自主完成，极大地锻炼了综合能力。

在首届福建省青少年创意编程与智能设计大赛中，编程社同学荣获两个一等奖、三个三等奖，科创社同学荣获一个二等奖；在第三届中华经典诵写讲大赛"诵读中国"经典诵读大赛漳州市选拔赛，诵读社同学荣获一个一等奖、两个二等奖；动画社、3D社、科创社在漳州市首届中小学创客大赛中获得佳绩；编程社同学在2021年福建省青少年编程水平认证比赛中，获得3个一等奖、2个二等奖、1个三等奖的好成绩，学校被评为"优秀参赛学校"和"优秀组织奖"；文学社被评为"全国中学生示范文学社"和"全国优秀中学生文学社"；青年志愿者服务队荣获漳州市"优秀组织奖"；足球队分别于2021年、2022年在福建省中学足球联赛中荣获省三等奖，在 2022 年漳州市阳光体育联赛荣获冠军；篮球队多次在市级比赛中获奖；音乐社、舞蹈队、合唱团在"九龙江杯"漳州市第三届中小学生艺术节获得佳绩；音乐社器乐作品在福建省第七届中小学生艺术节荣获三等奖；乒乓球队在 2022 年漳州市中学生乒乓球选拔赛和福建省青少年乒乓球冠军赛暨中学生联赛中取得佳绩，成功卫冕市赛两项冠军，多个单项晋级省赛并取得优异成绩；在 2021—2022 学年漳州市青少年儿童科艺创意大赛中，3D 社团两位同学分别荣获个人赛一等奖和二等奖。

培养什么人，是教育的首要问题。习近平总书记强调，"要努力构建德智体美劳全面培养的教育体系，形成更高水平的人才培养体系"，并要求"把立德树人融入思想道德教育、文化知识教育、社会实践教育各环节，贯穿基础教育、职业教育、高等教育各领域"。无论是"德智体美劳"还是"立德树人"，德育都排在第一位，足以说明德育在学校教育和青年成长中的重要地位和作用。近些年，厦大附中的德育工作虽然取得可喜的成就，但德育工作面临的困难和挑战并没有消失，如何迎接挑战，使德育工作再上一个新台阶，这是值得不断探索的课题。

第二章

笃行致远铸师德　知行合一强师能

一、师德为先，建设优良师资队伍

(一) 师资完备，结构优化

1. 严把招聘关，融合多元文化

我校教职工273人，其中专任教师257人，教辅人员16人。学校严格执行教师准入制度，专任教师中应届毕业生主要来自于教育部直属6所师范大学、"211"院校和"985"综合性大学，其中硕士研究生学历（含专业硕士学位）150人，博士研究生1人，占专任教师总数的55.3%。学校教师来自全国20多个省、直辖市，这些老师的学识、经历为学生开阔了视野，让学生触摸更多知识盲区，这种潜移默化的文化教育是无形又鲜明的。多元文化的碰撞与融合造就了附中在人文素养方面的独特优势，课本上的文字不再是扁平的，而在教学者文化素养和生活视野的折射下，更包含了中华文明延续至今的历史与哲学。

2. 体教融合，配齐配强体育、美育教师

按编制标准配齐专任教师和教辅人员，教师队伍无结构性缺编，能配齐配强通用技术、体育、艺术专任教师。其中体育学科、艺术（音乐美术）教师在其专业领域均有特长，学校在武术、游泳、攀岩、舞蹈、国画、书法、声乐等方面都有突出的学科特色，在开齐开足上好体育与健康和美育课程基础上，逐步完善"健康知识＋基本运动技能＋专项运动技能"的体育教学模式和"艺术基础知识基本技能＋艺术审美体验＋艺术专项特长"的美育教学模式，在强化课外练习和科学训练指导，巩固课堂知

识和技能的基础上，培养学生终身体育锻炼习惯和艺术兴趣爱好。即使面对繁重课业的高三学生依然能保持体育锻炼，保留对艺术之美的追求。

3. 团结协作，激发中青年骨干教师的创造力和竞争力

要提高办学质量关键是师资队伍建设，而年龄结构是教师队伍结构中最基本的结构。从年龄结构看，学校25岁至45岁年龄的中青年专任教师占比将近53%，中青年教师正成为教师队伍的骨干力量，他们与新手阶段相比，在工作动机、人格和认知特征、职业心理和学校情境心理等方面都趋于稳定，是富有开拓精神的最佳群体，在教学、科研等方面都有很强的创造力。学校在加大青年骨干教师培养方面形成了一条共识，即学习是推动教师专业发展的不竭动力，引导学习是培养骨干教师的有效策略。强调团结协作，形成群体合力，激发中青年骨干教师的创造力和竞争力在附中是常态，如诸多教师技能大赛等无不在备课组内、初中部、高中部进行层层选拔。中青年骨干教师是教师队伍的中坚力量，是教育教学目标得以实现的师资保障。

4. 孵化名师，在任务驱动下强化名师建设

在名师引领方面，我校相较于历史悠久的老牌名校不具优势，可以说处于劣势，在名不见经传之时聘请名师加盟是困难的，为此学校在提升教师专业水平、打造专家型教师的任务驱动下，在对标省市学科带头人、特级教师等评选条件自我孵化名师。我校政治学科李志源、数学学科邱云、数学学科林运来三位老师先后在2018年、2020年、2022年获评正高级职称，2022年9月江振武获评特级教师。学校把优秀的师资作为优化学校整体教育服务体系的核心，经过近十年的探索创新，培养出一批又一批高水平的金牌教练团队，他们在数学、物理、化学、生物、信息技术五大学科奥赛方面激趣解惑、勤勉钻研、促学启智，为学子们打开科学探索的新天地。

（二）师生关系，和美有爱

"建设一流品牌中学"的关键是建设理解、传承附中文化的一流师资队伍。厦大附中始终坚持用文化力量推动学校健康发展，并认为校园文化建设的核心是师生。自创校以来，附中的师资队伍建设秉承"师生即文

化"的理念，将精神管理融入学校制度管理的方方面面，实现文化管理，提出"'师生关系学'是教师的必修课""挚爱是优秀教师的核心素养"等理念，突出强化教师的敬业意识、乐业意识、职业规范意识和勤业意识，激发和启迪教师的文化自觉，让教师成为附中文化的创造者、发现者、传播者和实践者，形成思想合力，生成文化自信，从而发挥最佳的育人功能。

1. 在陪伴中深耕"师生关系学"

建校初期即提出"陪伴教育"的理念，主张"教师生活在学生中"，引导教师把"处理好与学生的关系"作为自己终生从教的研究课题，所以从某种程度上说，陪伴和研究是相辅相成、互为因果、互相促进的。

结合附中高中全寄宿的实际情况，着力建设以教育服务能力为核心的师资队伍，提出"干部服务群众，行政服务教学，全校服务课堂，全员服务学生"的办学理念，实行全员坐班制，保证教师的心思在学校，教师的时间给学生，教师和学生共同成长。

设立初中部"午间加油站"，教师志愿辅导午间留校的走读学生。配备成长导师，开展"一帮一"活动。"周末有约"自发变为"天天有约"，校园里随时随处可见师生间亲切的交谈。教师常年和学生一起就餐，甚至利用"约饭"来解决学生学习和生活中的困难。设立心理咨询室，及时对学生进行心理辅导。教师在陪伴学生的过程中体会教育的意义，在关键时刻有"我"在。在疫情期间探索疫情中的教学方法，开发网络平台，实施"5+1+1"在线学习方式，教师24小时在线答疑解惑，教学在线上全面展开。充分利用抗疫大课，师生共同铸就"同赴国难，共克时艰"的家国情怀。2022年6月高考期，面对疫情的影响，学校精心安排，周密部署，严格按照《2022年福建省高考涉疫突发事件应急处置预案》制定工作方案，统一安排专人专车专司机，点对点接送，风雨不误，保证安全高考。

附中的主体由教师和学生组成，附中的文化由教师和学生创造，和美的师生关系从陪伴与关爱中生成。深耕师生关系学是每一位附中教师的必修课，也是每一位优秀教师毕生的研修课题。

2. 在对话中修炼"优雅"风范

秉承中国教育传统、坚定文化追求、拥有现代教育理念，厦大附中有独立的价值观和强大的价值选择力。厦大附中将文化价值观建立在一个健康的人的成长规律和教育规律的基础上，扎根现实中国大地培育附中文化力量，吸收古今中外一切文明成果，结合学校和区域的实际情况，融合传统与现代。历经十年的办学实践，形成了"教育无非服务""办学生喜欢的学校""让教育更加尊重生命""实施人道的应试教育""教育不相信奇迹""做幸福的平凡人"等一系列教育主张；坚持"平等、理解、尊重、信任"四大理念处理师生关系，保证教育思维的起点永远是学生，基于这样的善良和爱的师生对话，自然而然地散发着独属于附中的"优雅"。

鼓励教师在扎根课堂的教育实践中激发教育智慧，逐步提升综合素质、专业水平和创新能力，在师生平等对话中促进教师对自我言行的觉知，不断提升解决问题的能力。先成为学生、同事、家长心目中的良师，再逐步用自己的教育思想和教育实践推动附中教育教学的发展。而做一个优雅的教师一定要先做一名优秀的教师，充分调动积极性、自觉性，发挥不甘平庸、勇于探索、善于创新的工匠精神，有效提升教师专业化水平。有立场、善思考、不盲从，在融入学生的过程中懂得用学生的眼光看世界，充分理解、尊重和适度分享学生的快乐。同时，教师又要在全心投入陪伴学生的过程中想办法、找办法、有办法，不能动辄拿出教师做派或说教做派，只有充分发挥教师的主观能动性，融合附中的教育理念，以优雅的方式解决问题，才可能产生"为人"的教育、真正适合学生的教育，才能够培养出身心健康、有知识、有能力的优雅的学生，才能够成就一所优雅的学校。

厦大附中自2011年首届初中生毕业，至2023年已经毕业13届初中生；2012年首届高中生毕业，至2023年已经毕业12届高中生。每年春季和秋季开学都有校友纷纷返校，学校也会将校友返校日工作提上学校的议事日程。各类场馆、食堂对所有校友开放，让他们感受"家"的温暖；成立学生发展指导中心，着手在"智慧校园"上构建网上校友中心，所有的"附中人"都能在网上校友中心找到自己的空间。此外，许许多多没在附中就读却时刻关注着附中的学生和家长也得到充分的尊重，办公室工作人员耐心地解答每一个问题，校长亲自回信赠书，鼓励学生努力实现梦想。

附中的"优雅"不仅仅体现在教师身上，还有教师与学生朝夕相处中展现出的浸润着附中情怀的智慧，"优雅"即信任，"优雅"即平等，"优雅"即尊重。

3. 在共融中成就"诗意"人生

附中的办学理念强调"一流的服务水平和服务品质"，这是面向全体的教育，评价指向学校和老师，首先要让学生通过学校的教育获得全面、健康而自由的发展，让不同基础的学生有不同的提高，让他们都能从教育中获得幸福和快乐。受教育者在受教育过程中感受幸福，教师在其中研究教育的本质属性，使教师的教育行为更有价值，希望学生能将学校当成自己快乐的源泉，将教育作为诗意人生的一部分，同时完成自我价值的提升和认同。

姚跃林校长在《教育无非服务》中讲道："校园应当是诗意的存在。即使暂时还不是，但我们要尽己所能，努力营造这种'诗意'的氛围。"附中在校园建筑设施上充分利用校园的美育功能，让师生在共处中完成诗意生活的精神再造。

人性化的校园建设，体现和谐与尊重。学校依山面海，高低错落，既节约成本，又体现美学理念。强调人与自然、人与建筑的和谐，凸显建筑对人特别是学生的尊重。空中花坛、回廊休息室、书店休闲吧、楼顶读书区、风景怡然的亦乐园……穿行在绿树红花中，行走于长廊板报间，听声声问候和琅琅读书声。大到建筑道路，小到石刻石碑，无不体现深厚的人文底蕴，师生每天被文化气息包围，潜移默化，将校园之美与人文之美相结合，将"诗意"物化为美好的校园生活。

蕴涵着校园文化的校园建筑形成润物无声的诗意磁场，在无形中陶塑着全体师生的灵魂。思想教育服务道德修养，多元文化服务学生全面发展。坚持"以人为本，以德育人，自立助人，和谐发展"的办学理念，创造适合学生自我可持续发展的教育。学校成立文学社、诵读社、外文社、舞蹈队、音乐社等 30 个学生社团。合唱节、零垃圾校园、新年广场钢琴演奏会、师生环校园长跑、十佳歌手赛、学生乐队等活动已成为"我即文化"特色校园文化理念中的靓丽元素。依托本土人文环境和历史文化传统，充分发掘传统文化资源，开设剪纸、武术、灯谜等校本课程。培育传承项目，发扬民族文化，我校以版画、古典舞、电声乐项目入选全国中小学中华优秀传统文化传承学校。

激发教师的主人翁意识和学校归属感，丰富教师业余生活，融和教师关系，促进教师的凝聚力和向心力。联系区内相关单位和企业，建立友好联系，解决教师切身问题。同事互相服务，在合作中实现成长，"诗意"氛围的营造让每一位教师感受到教育带来的幸福感，让每位教师都是附中的代言人和宣传员。

教师是育人心灵、培根铸魂的职业，敬业是成就教师"诗意"教学生涯的前提，而乐业是成就教师"诗意"人生的关键。教师在拥有"诗意"之美、"诗意"之境的校园中学习和生活，也让附中文化得以再造再生，并成为一种生活方式和生活态度。

（三）管理评价，着眼未来

围绕办学理念，提高服务意识，提升教育服务能力，激发立德树人、以美育人、以文化人的强烈意识。基于教师专业化发展的内涵研究，确定并推行教师专业标准，厦大附中积极探索建立涵盖师德师风、课程开发、教学能力的教师管理与评价体系。以文化引领教师成长，树立教育者即研究者、实践者的思想，着力提升教师专业精神和专业能力，激励教师积极投身于教育改革，促进教师专业成长。

1. 师德水平是学校持续发展的基础。建设一支师德高尚的专任教师队伍是学校发展的着力点。强调教师专业的文化品质，引导教师确立推动文化进步的社会责任感和历史使命感，从而实现教育的文化使命。逐步完善年度考核、职务评聘、聘后管理等制度，以制度引领，以活动带动，营造优良师风，推动学校发展。

2. 形成学校对于国家基础教育课程改革的创造性适应机制。厦大附中努力完善多种形式的校本培训课程体系。教师的课程意识和自主性课程改革行为有新的提升，多数教师具有一定的课程开发和整合能力。

3. 健全教研组织机构，建立以校为本、目标激励、问题导向的教学研究制度。扎根学校搞科研，将最好的论文写在课堂上。以项目实践为载体，持续推广应用教学成果，提升教师实践能力和综合素养，落实校本作业研究应用。

4. 以"互联网＋"的思维建立多重发展平台，不断提高教师的"自我可持续发展能力"，促进教师规划个人专业发展。以分层次的教师专业发展质量标准为参照，以教师专业发展的诊断评价信息为依据，鼓励教师在了解学校发展规划、理解办学目标、明确教师专业标准的基础上制订"个人发展计划"，并形成浓厚的学习氛围。

5. 改进教师评价标准，制定实施教师发展评价新体系。探索建立由政府、学校、家长及社会多方参与的教育质量综合评价体系。试行第三方评价方式，推进现代学校制度建设。建立智能化评价系统和学校管理即时反馈系统，使评价更加高效。通过改进评价方式，促进教育质量提升。

6. 强调"师生关系学"是教师的必修课，破除"唯分数"的教师评价方式。将驾驭师生关系的能力纳入教师评价体系，创新评教反馈机制，建立基于社会主义核心价值观和新型人才观、教育观、课程观之上的新型评价体系。

7. 坚持教育服务品质的评价导向。服务是厦大附中的教育哲学，反映的是我们对教育功能和教学目的的理解，我们的教育方式和方法是建立在这种教育理解之上的。厦大附中的教育行动指南：培育一流的教育服务品质，用合适的教育办学生喜欢的学校。教育服务品质就是指在办学条件、师资队伍和校园文化（包括办学理念、育人目标、制度建设以及课程提供）诸方面所体现出来的服务水平和服务质量。突出的仍然是服务能力、服务水平和服务质量的考量。教师评价仍然围绕服务品质进行，弱化单纯对学生考试成绩的考核。不仅学生需要的我们要提供能提供，而且要用我们能提供的引导学生需要，从教育供给侧发力。

我们认为，教师评价从重结果到重过程、从分数"精准"评价到服务"模糊"评价、从量评到质评，最终从教育质量评价过渡到教育服务品质评价势在必行。

二、实践为基，引领专业自觉发展

（一）论坛交流，共话成长

人的因素是最重要的因素，也是学校发展唯一起决定作用的因素。教师的发展就是学校的发展，没有教师的快速成长就没有学校的快速成长，尤其是青年教师的专业发展与职业规划。厦大附中是一所年轻的学校，青年教师比例大、学历高，走好职业起点的第一步显得尤为关键，青年教师需要找到专业成长的路径，也需要看到成长过程中的曲折与坚守。专业发展不是年轻教师的专利，有一定教学经验和教龄的教师也需要专业再成长。通过青年教师论坛，不同年龄层次教师的成长交流，促进中老年教师的专业再发展。

1. 论坛主题鲜明多样。每届青年教师成长论坛主题都有所侧重，形式活泼多样，涉及青年教师成长的各个层面。例如，厦大附中首届青年教师成长论坛以"倾听身边故事，增长职业智慧，规划幸福人生"为主题，通过代表教师发言、现场提问互动等方式，分别就教学、育人、教研和师德等四方面进行深入交流与探讨。论坛中，教师代表从教学语言的得体有趣、教学基本功的扎实与超越、教学的新意与深意、教学的心动与坚持等

首届青年教师成长论坛

方面畅谈自己的教学体会；部分教师分享了班主任工作的艺术与心得；部分教师以"坚持、选题、谦虚、积累"掀开了教学研究与论文发表的神秘面纱，并现身说法，鼓励大家多阅读多思考；班主任老师从真诚、公正、爱、尊重、信任、养德等方面强调了师德的重要性。论坛交流中大家达成共识：只有用心，教师才能赢得尊敬；只有用心，教师才能增长智慧。

2. 多维度探讨育人话题。学校强调教师的"第一专业"是育人。结合寄宿制学校的特点，继续发扬"教师生活在学生中"的工作作风，建立符合时代要求的新型师生关系。强调师生关系学是教师的必修课，充分认识到好的师生关系就是教育力。青年教师需要在教学实践中掌握与学生及学生家长打交道的本领，明确教育工作的核心是立德树人。例如，厦大附中第二届青年教师成长论坛的主题是"立足家长角度，诠释双重身份，享受教育之乐"。本届论坛的特点是参与嘉宾均具有教师和家长的双重身份，强调讲真故事，做真学问。学校还邀请到了广东省佛山市荣山中学和佛山实验中学的教育界同仁、附中实验班的部分学生家长与我校教师和学生代表共同交流。论坛共分为四个板块。第一个板块是"教师张嘴之前"。附中教师及学生家长分别选择了"正确""情感""权威"和"得体"四个关键词来阐述自己的观点。第二个板块是"学生犯错之后"。关注学生的立场，肯定学生犯错之后需要受责罚，但关键在于让学生认识到自己的错误所在，做到心服口服。第三个板块是"爱、分享与等待"。教师和学生家长分享了自己在教育学生和子女的过程中所收获的感动，结合自己的体会，提醒自己耐心等待孩子绽放出他们的光芒，"能听到花开的声音的人，是快乐的。能等到花朵绽放的人，是幸福的"。

3. 关注青年教师职业幸福。个人专业发展的状况直接影响到青年教师的职业幸福指数，成长论坛让榜样现身说法，讲述成长的故事，让身边的榜样力量激发青年教师成长的激情与热情。例如，厦大附中第四届青年教师成长论坛的主题是"锻炼教学技能，提升信息素养，促进专业成长"。本届论坛共分两个板块。第一个板块是"教师技能大赛经验分享"，由我校高秋静老师（第四届福建省教师技能大赛初中生物组一等奖第一名）和廖敏老师（第四届福建省教师技能大赛初中语文组一等奖第一名）主讲。

高秋静老师主要谈了技能大赛的准备与体会，从学情研究到理论学习，再到他山之石的借鉴，详细认真地介绍了如何备战省技能大赛，强调要做到"积累、反思、训练、支持、坚持"，就一定会有所收获。廖敏老师分享了技能大赛片段教学实战技巧，谈到最好的比赛状态是冷静加兴奋，所有的历练只为了做到更好，同时分享了比赛的片段教学设计。论坛的第二个板块是"信息技术融合课堂教学"，由我校首届"信息技术与学科教学深度融合"比武活动一等奖的获得者邵子艳和李艺容老师做分享。邵子艳老师主讲"希沃的安装与使用"，现场演示希沃软件的操作使用。李艺容老师则分享了"希沃的隐藏策略与演示策略"，令在场教师赞叹不已。台下教师们踊跃参加在线提问，最后四位主讲教师与现场听众积极互动交流。

第四届青年教师成长论坛

（二）青蓝结对，赓续发展

为了推动"结对"工作，充分发挥老教师的传、帮、带作用，使中青年教师不断提高教学业务能力，学校专门拟定了《厦大附中关于带教工作的规定》。

1. 基本条件

指导老师必须具有中、高级职称。中级职称教师需有一轮初中或高中毕业班教学经历，教学成绩在同备课组平均水平以上，平时教学常规合格。符合条件的中级职称教师，每学年第一周向教研室（组）提出书面申请，由教务处、教研室审核并安排结对。高级职称教师由教研室根据青年教师成长需要直接安排结对。指导教师与被指导教师以同年段为第一选择，为"四新"教师安排师傅，即新入职教师、新高三教师、新初三教师、新高中教师。

2. 带教期限

新老教师结对子一年一签，没有特殊情况，一般要求带教 2 年以上（含 2 年）。带教期间一般不变更师徒。

3. 带教要求

被指导教师应做到：尊敬老教师，虚心向老教师学习，教学中遇到问题及时向老教师请教。认真学习教育、教学理论，每学年读专业书籍 2 本以上，学专业文章 10 篇以上，不断提高自身理论水平。每学期听指导教师 5 节课以上，并认真做好听课记录，课后须与指导教师进行交流。每学期作一次教材分析、教学案例分析，上一次汇报课。认真填写带教学习手册，每学期检查考核一次。

指导教师应做到：尽力将自己的知识和教学经验传授给被指导教师。经常与被指导教师进行思想交流，提高被指导教师的思想素质。每学期听被指导教师 3 节课以上，认真做好听课记录，并对被指导教师所授课程提出客观、具体的评价指导。检查被指导教师的教案，提出指导意见。指导被指导教师总结教学经验、修改教学论文等。写好对被指导教师的发展性评价。

4. 落实执行

为了确保带教工作成效，学校印制《厦门大学附属实验中学带教手册》，用于记录带教过程性工作。

5. 带教认定

带教手册由教研室每学期检查一次，每学年考核认定一次。结对过程中，没完成带教基本要求的不予认定。师徒结对工作开展扎实、效果良好的，评选为"优秀对子"。

（三）夯实教研，守正出新

学校是教育培养人的地方，教学研究只有基于学校真实的教学问题才有直接的意义。厦大附中各教研组"以学生为中心"创新教研方式，借助教研组全体教师的智慧，有计划、有组织地开展教育教学研究。各教研组守正创新、百花齐放、异彩纷呈。下面我们重点介绍一下厦大附中政治教研组和数学教研组校本教研的建设成果。

厦大附中政治教研组教研成果

1. 政治组简介

政治组现有专任教师19人，其中思政专任教师17人，心理健康教师2人，正高级职称1人，高级职称4人，研究生学历8人，地市级研究型名师、市学科带头人、市骨干教师、市学科十佳教师5人，省级名师工作室领衔人1人，省级名师工作室成员1人。政治教研组秉持学校"教育无非服务"的办学理念，坚持立德树人，追求学科卓越发展，服务学生成长。

政治教研组"全家福"

2. 教研成果概述

（1）社会实践成体系。每年坚持组织学生开展社会调研活动，范围涉及社区、农村、码头港口、公司企业、生态农场、宗教寺庙、革命纪念地等场所，有主题，有调研报告，有推介，形成了规范、系统的主题社会实践活动方案和评价体系。

（2）课程资源有特色。发挥教师特长开发了13门校本课程，利用教师个人收藏品建立了实物展览室，基于互联网信息建立了学科电子课程资源库，挖掘学生外出调研的第一手材料形成本地乡土资源，教研组综合利用多种资源，服务教学。

（3）时政教育拓视野。厦大附中是福建省基础教育中学政治学科教学研究基地学校，时事教育是学校政治学科的传统项目。学校坚持以育人为导向，开展形式多样的时事政治教育活动：每年初中、高中各举办一次时政知识竞赛；指导建设时事社，吸引学生参与时事研讨、宣传，持续办好时事社刊，至今已出版近百期；组织开展课堂时政评述、时政专题讲座、时政手抄报、时政漫画评选等活动，拓宽学生的视野，培养学生思政素养。

（4）主题教研讲实效。根据本学科特点，每学期至少开展一次主题教研，学习与实践结合，课内与课外结合，请进来与走出去结合，形式多样，扎实推进，促进教师专业成长。

（5）团结协作结硕果。团结协作，以老带新，促进青年教师成长，注重教学与研究同步，教研成果突出。本组教师获省、市教学业务奖项30余人次，实施6项省级课题，其中5项已结题；公开发表CN级教育教学论文40余篇，其中有15篇发表在全国中文核心期刊上；开设省、市级讲座或公开课30余场（节）。政治教研组于2017年12月顺利完成福建省第二批思品学科基地校实践研究任务，思想政治学科于2018年1月入选福建省首批普通高中优质学科课程项目名单，教研组荣获2018年度漳州市"工人先锋号"光荣称号。

团队成果1 　　　　　　　　　团队成果2

团队成果3 　　　　　　　　　团队成果4

团队成果5 　　　　　　　　　团队成果6

3. 社会实践

校外社会实践活动是我校政治教研组的传统特色项目，自2012年起已经连续开展十多年，每学年组织高中部分学生开展一次，探索了课内教学活动与课外实践活动相融合的活动型学科课程实施基本策略。

2012年在福建豪氏威马钢铁制品有限公司调研

2013年在港尾镇普照禅寺调研

2014年在店地社区调研

2015年福建豪氏威马有限公司调研成果汇报会

2016年对大径后村宜居环境改造情况调研

2017年在蜜原生态农场调研

2018年在漳州招商局码头有限公司调研 　　2019年在龙海浮宫镇田头村调研

2020年在龙海白水镇红色继鳌堂
社会调研 　　2021年在华安九且古村落调研

4. 特色教学

（1）实物教学。李志源老师凭着自己对教学的热爱与专注，平时收集了大量与思想政治课教学相关的实物，主要有钱币、粮票、布票、股票、债券和保险单等，学校在图书馆设置了专门的"思想政治实物教学展览"展厅，政治组培训讲解员，每年组织高一学生带着学科任务有序参观，让学生了解实物展品的特定历史背景，学习感悟其中的历史典故和政治、地理、社会等人文知识，进一步理解思想政治基本观点。自2010年开始，已举办多届实物展览。

（2）项目式学习——模拟产品发布会。2022年4月14日，我校政治组于演播厅举办模拟产品发布会。高二（1）班模拟创办的企业Astrolabe（星盘）有限公司研发团队研发出便携式扫描打印机、魔方充电宝两种颇具新意的产品。高二（6）班模拟创办的企业卷心菜俱乐部有限公司研发团队开发了职业生涯规划服务平台。

（3）主题教研。为发挥学校作为政治学科全省优质学科课程建设校的示范辐射和引领作用，2019年5月24日，我校政治组一行10人赴漳州平和二中开展以"巧用资源、活化课堂、发展素养"为主题的校际教学研讨活动。

厦大附中数学教研组教研成果

1. 数学组简介

数学组现有教师39人，其中正高级教师2人，高级教师15人，一级教师14人，二级教师5人，初级教师3人。硕士研究生19人。中国数学会奥林匹克高级教练1人、二级教练2人，福建省优秀教师1人。现有省级学科带头人4人，漳州市研究型名师2人，漳州市学科带头人3人，漳州市骨干教师5人，漳州开发区学科带头人2人，漳州开发区骨干教师4人。

数学组通过教研组建设不断助力教师实现专业发展进阶，目前已形成"新手—熟手—市、区级骨干教师—市级名师—省级名师"的教师梯队建设模式。

2. 集体荣誉

2017年11月，数学组被漳州市总工会评为"工人先锋号"。

工人先锋号

2018年3月，数学组被福建省普通教育教学研究室授予福建省第三批高中数学学科教研基地校培育单位，2020年10月以高分通过验收。

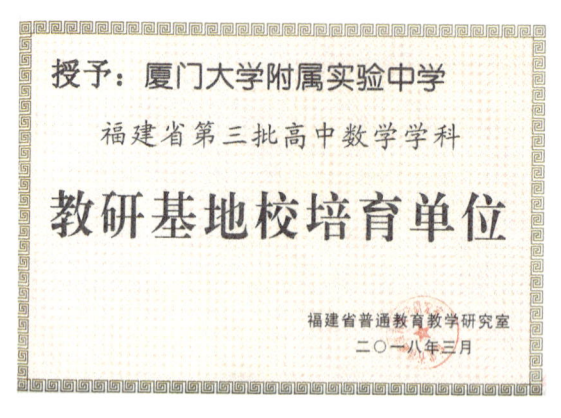

基地校培育单位

2022年10月，林运来、邱云、姚跃林、曾继成、陈清华、刘暾东主持完成的"中学数学教研组建设'三课'联动模式实践研究"项目获福建省2022年省级基础教育教学成果奖一等奖。

2008年以来，数学组以学校为主导，与厦门大学、福建师范大学等高校协作，整合各项优质资源，以课程建设、课堂实践、课题研究"三课"融合联动为策略，通过专家引领、专题培训（"教"），自我学习、自我反思（"学"），课堂实践、课题驱动（"做"），在"教学做合一"中促进教师集群式发展，助力学生健康成长，构建了中学数学教研组建设"三课"联动模式。

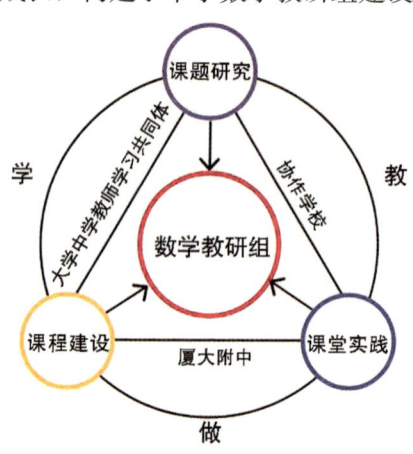

数学教研组建设"三课"联动模式

3. **课程建设**

2008年以来，数学组教师先后开发实施30多门校本课程，增强了学校课程供给的精准性、有效性、科学性和多样性，不断提升学科教育教学品质。数学组编写的《数学阅读与思考》《高考数学试题研究与必刷题精选》《初高中数学衔接教学用书》3本学科拓展类图书，由电子科技大学出版社出版。校本课程"从课本到高考·高中数学"获漳州市中小学精品课程评选一等奖，并入选福建省中小学精品校本课程。

迄今为止，数学组已经汇编了以下5种类型的校本教程。

（1）知识拓展类，如《信息安全与密码》等。

（2）竞赛辅导类，如《平面几何中的几个著名定理》等。

（3）专题研究类，如《高考数学二轮复习教材》等。

（4）数学文化类，如《数学阅读与思考》等。

（5）数学探究类，如《高中生数学写作》等。

汇编成册的校本课程（部分）

省精品课程　　　　校本市一等奖

4. 课堂实践

教学之道施展的主阵地是课堂，唯有聚焦课堂、激活课堂，才能回归教育本真。数学组教师积极践行"教思考、教体验、教表达"理念，将数学学科核心素养的培养贯穿于学科教育教学的全过程，培养学生"自立、自治、自学"的学风，有效提升学生的综合素质和创新实践能力，促进学生又好又快成长。

"教思考"——引导学生学会运用数学思维思考世界，重在培养逻辑推理和数学运算素养；"教体验"——引导学生学会运用数学眼光观察世界，重在培养数学抽象和直观想象素养；"教表达"——引导学生学会运用数学语言描述世界，重在培养数学建模和数据分析素养。

尤为突出的是，2014年以来，附中学生参加全国高中数学联赛共获省一等奖13人次、省二等奖21人次、省三等奖39人次，获市级奖励500多人次，在中国数学奥林匹克中获得2块金牌、2块铜牌。学生参加全国高中数学联赛及中国数学奥林匹克获奖情况见下表。

年份	全国金牌	全国银牌	全国铜牌	一等奖	二等奖	三等奖	合计
2014						1	1
2015				1		3	4
2016			1	1		4	6
2017					2	2	4
2018	1			1	6	3	11
2019			1	1	3	2	7
2020	1			3	2	4	10
2021				4	2	9	15
2022				2	6	11	19
合计	2		2	13	21	39	77

许福临（金牌）　　　　　　　陈宇浩（金牌）

5. 课题研究

"教师即研究者"，没有研究就没有教学。数学组积极引导教师开展教育教学研究。截至 2022 年 10 月，数学组教师完成市级及以上课题 10 余项（见下图）。

数学组教师主持的课题结题证书（部分）

67

通过实践与研究，形成了一系列典型案例、课例、论文等研究成果。教师人人都是研究者和实践者，也是丰硕果实的收获者。2008年以来，数学组教师共发表论文300多篇，从年份看，2008—2012年，教师年发论文数均不足10篇，2013年以后教师发论文数有了大幅增长，2015年以后教师发论文质量有了大幅提升（见下表）。教师出版个人专著3本。

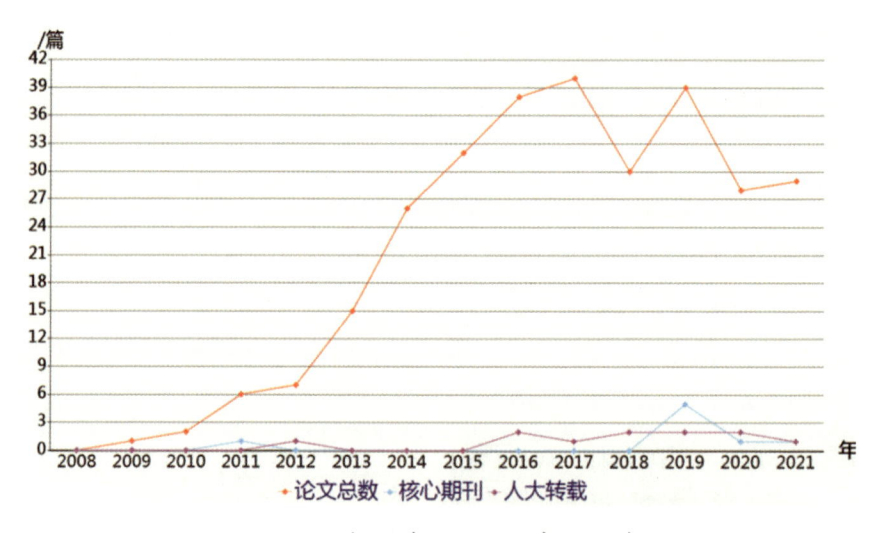

2008—2021年数学组教师发表论文情况

数学组教师出版的图书（部分）

6. 建设反思

厦大附中借助教研组全体教师的智慧，有计划、有组织地开展教学研究，主要通过以下路径：

第一，制定发展规划，培养"有理想"的教师；

第二，"三课"融合联动，培养"有行动"的教师；

第三，构建学习共同体，培养"有智慧"的教师。

引导教师"把最好的论文写在课堂上"，加强资源建设，注意总结、传承，大力培养骨干、领军人才，把教研组建设成教师有目标、有干劲，学生有发展，社会有影响的幸福栖息地，真正使每一位教师在教研组这个共同体中各美其美、美美与共！

（四）专业规划，长短交替

为了提升教师教研意识和科研能力，解决教学中的实际问题，提升教学效率，实现教学的价值，学校制定了长期教科研发展规划，语文、数学等教研组制定了学科教科研发展规划，教师参与教学和科研的主动性强，成果显著，教科研推动教学作用明显。

学科建设是学校取得长期的、良性的可持续发展的关键支撑点。以厦大附中数学教研组为例，数学组是一个优秀的理论与实践团队，数学教研组制定了《厦门大学附属实验中学数学组发展规划（2020—2025年）》。规划由四部分构成：第一部分"总体规划"，内容包括指导思想和工作方针、建设目标和发展主题；第二部分"发展任务"，内容包括课堂教学实践、教师专业发展；第三部分"预期成果"，内容包括培育一批特色教师、建设特色校本课程、竞赛培训促进发展、搭建完善交流平台；第四部分"保障条件"，内容包括服务保障、师资保障和学术保障。

学校推动青年教师专业发展，有长期规划，也有有效举措。一方面，走出去高端研修。"学习提升是最好的福利"，教师带着教育实践中的困惑与问题，回到一流高校再深造再出发。为开阔学校管理团队和教师们的宏观视野，提高理论水平和综合素养，学校先后将教师送到清华大学、北京师范大学、华东师范大学等知名高校暑期专修班学习；研修普及全体教师，学习食宿在大学校园，让学习更彻底，更有深度与内涵。另一方面，请进来校本培训。紧紧围绕基础教育课程改革，落实素质教育，使广大教师转变教育观念，提高教育教学能力、教育创新能力和教育科研能力，全面提升教师队伍的整体素质，促进教师专业化发展，请进来也是重要渠道之一。学校先后邀请李镇西、任勇、翁乾明、陈宇、徐明、欧阳国胜等国内及省内知名教育专家进校讲座，同时，本校优秀教师李志源、邱云、林运来现身说法，共话专业成长。

（五）教师发展，成果显著

学校积极创建省示范高中以来，教师专业发展成果显著。2017年以来，教师发表CN论文547篇，其中核心期刊24篇。教师出版个人著作或作品集9本，其中姚跃林校长由华东师范大学出版社出版6本教育专著，分别是《让教育带着温度落地》《教育无非服务》《让教育更加尊重生命》《让教育稍稍有点诗意》《安静做真实的教育》《怎样的教育能给人带来幸福》。教师在省级及以上业务获奖235人次，在福建省中小学教师教学技能大赛中，荣获一等奖3人，二等奖4人，三等奖11人。获评省部级优课32节，获福建省基础教育课程改革教学研究成果一等奖1次，二等奖2次。完成市级以上教学教研课题研究62项，其中省级及以上课题21项。

第三章

育人为本设课程　融通生长重实施

建校伊始，厦门附中把"培育一流的教育服务品质，用合适的教育办学生喜欢的学校"确立为发展目标。基于此，多年来稳步实施课程改革，强调课程"适合学生学习"的公共性、服务性和可选择性，整体构建符合教育规律、体现时代特征、有效应对新高考的课程体系。建立健全综合协调、充满活力的课程体系，落实立德树人根本任务。在高中阶段，变革教学组织形式，充分尊重学生的选择，实现多学科分科走班教学，用"走班制"实现分层教学、因材施教，满足学生发展的需要。构建有效的课程实施方式、评价方式，促进学生核心素养发展与综合素质提升。

一、融合贯通，创新高中课程方案

（一）工作目标

一是制订学校新一轮课程实施方案。增强课程体系的基础性、综合性、选择性和实践性，以及应对新高考改革的强适应性，提升学生学习质量。

二是整合教师资源，提倡跨学科教学，提供满足学生需要的、质量高、有特色的选修课程。

三是教师的课程意识和自主性课程改革行为有新的质量提升，课程开发能力明显增强。

（二）具体措施

1. 强化立德树人

根据国家课程设置方案和课程标准，结合学校办学定位、学生特点和办学条件，创造性地实施国家课程方案。

普通高中开设语文、数学、外语、思想政治、历史、地理、物理、化学、生物、技术（含信息技术和通用技术）、艺术（或音乐、美术）、体育与健康、综合实践活动、劳动教育等国家课程，以及校本选修课程。高一年级开设心理健康教育课程。高二年级实施必修课程选课走班，基于文理不分班、"四选二"选课走班，采取"行政班固定，教学班走动"的组织模式。高三年级开设音乐选修课程，缓解学生学习压力。

学校拥有恒温游泳馆、体育馆、艺术馆等课程资源，体育、艺术教师齐全，借助全省中小学学生乐团培育、建设校园文化美育环境示范学校、中华优秀文化艺术传承学校等项目优势，重点推动学校体育、美育课程建设。设置多样的体育、艺术选修课程，最大限度地提高学生参加体育锻炼、运动训练和艺术活动的兴趣，提高学生的运动技能、艺术技能水平。力争使每一位学生经过三年的艺术熏陶，能初步具备艺术感知、艺术欣赏的能力，并能较熟练地掌握一项艺术特长。

2. 构建校本化课程方案

在课程改革方面探索必修课、选择性必修课、选修课三大板块课程改革及若干重点学科课程改革模式。

选科走班课程：在新课改背景下，变革教学组织形式，用走班制实现分层教学，积极探索新高考"3+1+2"选科走班课程、艺体类课程、校本选修课程走班教学实践。

综合实践课程：成立综合实践活动课程实施领导小组，由校长担任组长，成员则由德育处、教务处、学生发展指导中心、团委等有关职能部门负责人组成，制订《厦门大学附属实验中学社会实践及社区服务课程实施方案》，对课程内容、实施方式、教师安排、资源建设、师资培训、课程评价、学分认定等工作做好顶层设计，并不断完善综合实践活动课程考核等各项管理制度。

劳动教育课程：学校开展多种形式的劳动教育，高一、高二年级负责整理打扫功能室、开荒除草、培育菜苗、清除树下杂草。在学校官网增设"劳动教育"栏目板块，定期进行更新，展示学生劳动风采和成果。与此同时，学校组织开展了多种形式的志愿服务活动，如校园值日、校园志愿者活动、社区服务活动等。

生涯规划课程：基于文理不分班、"四选二"选课走班、学考等高考改革新元素，制定符合学生实际的生涯、学业和选课等指导方案，编制课程说明与选课指南，进行学生生涯规划和选课指导，并以导师制帮助学生合理规划、科学选课，实现自我发展。

学校特色课程：结合学校高中学科竞赛优势，在拔尖学生中探索开设大学先修课程。与厦门大学嘉庚学院建立合作伙伴关系，开设通用技术课程。将科学实验室延伸至厦门大学、嘉庚学院等大学科研实验室，定期开展"大中学生同做实验"活动。为丰富学生课余生活，组织开展周末讲座和周末电影活动。

课程创新与改革：基于学校发展理念、学科资源优势、教师专业优势、学生年龄特点和发展实际，根据学生核心素养形成规律和学习规律，积极开展教育教学改革实验，推进信息技术与学科教学深度融合，创建体现学科特色、凸显育人功能、具有引领辐射作用的教学方式方法。不断增强学科整体性，强化各学段、各相关学科纵向有效衔接和横向协调配合机制，开展跨学科主题教育教学活动，将相关学科教育内容进行有机整合。借助语文、数学、化学、地理等优势学科课程建设，在课程的目标设定、内容选取、形式设计、评价考核等方面彰显对学生发展和未来需求的关注，打造出一批品牌课程。创新教学管理，建立以校为本、目标激励、问题导向的教研制度。

附：厦大附中新课程改革校本化方案

厦大附中新课程改革校本化方案

学科	第一学年 高一上学期	第一学年 高一下学期	第二学年 高二上(学考)	第二学年 高二上(选考)	第二学年 高二下(选考)	第三学年 高三上(选考)	第三学年 高三下(选考)	第三学年 毕业学分
语文	必修上册/4+1	必修下册/4+1	选择性必修上册/5	选择性必修上册/5	选择性必修中册/5	选择性必修下册/6	6	14
数学	必修第一册/4+1	必修第二册/4+1	选择性必修第一、二册/5	选择性必修第一、二册/5	选择性必修第二、三册/5	6	6	14
英语	英语第一、二册/4+1	英语第三、四册/2+2	英语第五、六册/5	英语第五、六册/5	英语第七、八册/5	英语第九、十册/6	6	14
物理	必修第一册/3	必修第二册/3	必修第三册/2	必修第三册、选择性必修1/3	选择性必修2、3/4	5	5	12
化学	必修第一册/3	必修第二册/3	复习《中外历史纲要(下)》/2	选择性必修1、2/3	选择性必修2、3/4	4	5	10
历史	必修《中外历史纲要(上)》/2	必修《中外历史纲要(下)》/2	复习《中外历史纲要》/1	选择性必修1/2	选择性必修2、3/4	5	5	10
地理	必修第一册/2	必修第二册/2		选择性必修1/3	选择性必修2、3/4	4	4	10

续表

学科	第一学年 高一上学期	第一学年 高一下学期	第一学年 高二上(学考)	第一学年 高二上(选考)	第二学年 高二下(选考)	第二学年 高三上(选考)	第二学年 高三下(选考)	第三学年 毕业学分
生物	必修1分子与细胞/2	必修2遗传与进化/2		选择性必修1/3	选择性必修2、3/4	4	4	10
思想政治	必修1、必修2/2	必修3/2	必修4/2	必修4、选择性必修1/3	选择性必修2、3/4	4	4	12
信息技术	必修1数据与计算/1		必修2信息系统与社会/2					3
通用技术			技术与设计1/1(另外嘉康学院中教学3天,18课时)		技术与设计2/1			3
体育与健康	体育与健康/2	体育与健康/2	体育与健康/2	体育与健康/2	体育与健康/2	体育与健康/2	体育与健康/2	12
美术	美术鉴赏/1		分项选修/1	分项选修/1	分项选修/1	分项选修/1		3
音乐		音乐鉴赏/1						3
校本课程	世界周刊/1(每周两次)	世界周刊/1(每周两次)	世界周刊/1(每周两次)	世界周刊/1(每周两次)	世界周刊/1(每周两次)	世界周刊/1(每周两次)	世界周刊/1(每周两次)	8
	英语听力/1(每周三次)	英语听力/1(每周三次)	英语听力/1(每周三次)	英语听力/1(每周三次)	英语听力/1(每周三次)	英语听力/1(每周三次)	英语听力/1(每周三次)	
	校本选修/1	校本选修/1	校本选修/1	校本选修/1	校本选修/1			

续表

学科		第一学年				第二学年		第三学年
		高一上学期	高一下学期	高二上(学考)	高二下(选考)	高三上(选考)	高三下(选考)	毕业学分
综合实践活动	研究性学习（两个课题）	指导/1（周三下午第3节）	指导/1（周三下午第3节）	指导/1（周三下午第3节）	指导/1（周三下午第3节）			6
	党团活动、军训、社会考察	分散组织						2
劳动教育	劳动教育	劳动教育/1	劳动教育/1	劳动教育/1	劳动教育/1	劳动教育/1	劳动教育/1	4
	社区服务	在课外时间进行，三年不少于40小时						2
周总课时		35	35	35	35	35	35	152
周二下午第三节为高一劳动教育课；周三下午第三节高一、高二统一为研究性学习，高三为劳动教育课；周四下午第三节为高二劳动课；周五下午第三节为高一、高二校本课程选修。								
必修学分		28	26	10	5	3	2	74
校本课程学分		3	3	3	3	2	2	16

（三）建设成效

在选修课程开设、学分制实施、选课走班与分层教学、教师科学评价、选课走班中学生的管理与指导、选课走班与高考总复习的关系等方面取得一定突破。课程改革工作取得初步成果，教育教学质量得到全面提高，学生素质全面发展。制订《厦门大学附属实验中学课程改革实施方案》，编制《厦门大学附属实验中学课程说明与选课指南》、厦大附中三年学分安排表、厦大附中三年必修课程设置与学分构成表、《厦门大学附属实验中学拓展类选修课程实施方案》《厦门大学附属实验中学德育课程（社团活动、社会实践）实施方案》《厦门大学附属实验中学选修课程规划方案》《厦门大学附属实验中学2018级学科课程设置计划》等，形成了一套适合校情学情的厦大附中课程方案。

二、关注个性，满足走班多样选择

在新课改背景下，变革教学组织形式，用走班制实现分层教学、因材施教，满足学生选择的需要，是每所学校都需要面对并解决的问题。厦大附中自2010年秋开始稳步实施课程改革，整体构建符合教育规律、体现时代特征、有效应对新课改的课程体系，积极探索新高考"3＋1＋2"选科课程、艺体类课程、校本选修课程走班教学实践。经过十来年的探索，在课程开发、选课编班、教学管理、课程评价等方面探索出一条具有附中特色的选课走班课程体系。

（一）建立选科走班课程管理制度

选科走班课程管理是一项具有较高要求的课程意义上的系统工程。因此，学校必须建立一种鼓励探索、支持创新的组织机制，并逐渐形成具有支持性特征的学校文化。有鉴于此，学校成立选科走班课程领导小组和选科走班专业评审小组，负责制定选科走班课程开发、组织实施、课程管理、课程评价方案，为课程开发提供政策支持和组织保证。

成立走班课程理论培训中心。教务处组织好教师理论培训工作，通过培训，促使教师转变教育观念，了解走班课程开发的意义，知道走班课程开发程序，掌握走班课程目标，提升编撰走班课程纲要和教材能力，掌握开展走班课程教学评价的方法。

确立走班课程指导思想和课程目标。指导思想为落实习近平新时代中国特色社会主义思想，贯彻我校"以人为本，以德育人，自立立人，和谐发展"的办学理念，尊重教育规律和学生身心发展规律，为每个学生提供适合的教育。课程目标：一是形成具有我校特色的走班课程体系；二是为学生全面发展提供新的平台；三是为教师的专业成长提供新的载体。

制定校本化实施方案。学校先后制定了《厦门大学附属实验中学新高考"3＋1＋2"选科指导手册》《厦门大学附属实验中学校本课程实施方案》《厦门大学附属实验中学校本课程编写及格式要求》《厦门大学附属实验中学高中新课程教学实施方案》《厦门大学附属实验中学关于音体美、通用、信息学科开展课外活动（兴趣小组）管理办法》等课程管理制度，旨在突出课程的可选择性，满足学生个性化需求，为每个学生提供合适的教育。

（二）提供多样化选科走班课程

学校注重人才培养和教学管理机制改革的系统研究和顶层设计，积极开展选科走班教学改革工作，统筹安排国家课程和校本课程，处理好两者之间关系。

1. 新高考"3＋1＋2"选科课程。福建省新高考改革方案在 2018 年全面启动，采用"3＋1＋2"模式。在新高考模式下，最棘手的是 4 选 2 等级考科目，一方面要最大限度保证学生的自主选择权，另一方面还要考虑学校师资、教室资源配置等问题。新高考先行省市已进行了有益的探索，产生了不少模式，大致有大走班（语文、数学、外语、物理或历史主科组班，其余两科全部走班教学）、小走班（四科相同优先排班，定两科走一科，两科相同组成一班，剩下一科走班教学）和不走班（套餐制，由学校决定并向学生提供固定数量的几种选科组合，再由学生进行选择）三种类型。另外，还有分层走班、分项走班等。在充分尊重学生自主选择权的前提下，附中科学分析了不同走班模式的利与弊，经过不断地实践探索，形成了行政班与小走班并行模式，即大多数班级采用行政班上课，小部分班级一科走班教学。

附：近三年厦大附中新高考选科组合

2021 届选科情况						
序号	物理科目组合	人数	序号	历史科目组合	人数
1	物理、化学、生物	111	7	历史、政治、地理	46
2	物理、化学、政治	41	8	历史、化学、政治	23
3	物理、化学、地理	66	9	历史、化学、生物	15
4	物理、生物、政治	41	10	历史、生物、政治	26
5	物理、生物、地理	61	11	历史、生物、地理	23
6	物理、政治、地理	0	12	历史、化学、地理	0
2022 届选科情况					
序号	物理科目组合	人数	序号	历史科目组合	人数
1	物理、化学、生物	167	7	历史、政治、地理	55
2	物理、化学、政治	19	8	历史、化学、政治	23
3	物理、化学、地理	50	9	历史、化学、生物	16
4	物理、生物、政治	25	10	历史、生物、政治	31
5	物理、生物、地理	82	11	历史、生物、地理	24
6	物理、政治、地理	0	12	历史、化学、地理	0
2023 届选科情况					
序号	物理科目组合	人数	序号	历史科目组合	人数
1	物理、化学、生物	198	7	历史、政治、地理	52
2	物理、化学、政治	39	8	历史、化学、政治	0
3	物理、化学、地理	44	9	历史、化学、生物	0
4	物理、生物、政治	53	10	历史、生物、政治	27
5	物理、生物、地理	56	11	历史、生物、地理	13
6	物理、政治、地理	0	12	历史、化学、地理	0

2. 校本选修课程。在有效实施国家课程的前提下，厦大附中坚持"以人为本，以德育人，自立立人，和谐发展"的办学理念，"尊重教育规律和学生身心发展规律，为每个学生提供适合的教育"，创造适合学生自我可持续发展的教育。通过对本校学生的需求进行科学评估，充分利用漳

州开发区、学生所在的城区及学校的课程资源，因地制宜地开设多样可供学生选择的校本课程。

自2009年开始组织专业扎实、经验丰富、素质全面的一线教师参与编写校本教材，目前，我校校本选修课程按课程类别可分为5大类别，共100余门课程，成为"为每个学生提供合适的教育"理念的重要体现。每学期至少开设50余门校本选修课程挂在智慧校园平台上供学生选择，同时为满足学生更好的课程体验，每门课程限定20人。学生可选择自己感兴趣、能发挥或培养自身特长的课程，参加该课程的学习及相关拓展活动，从而提高自身综合素质。每周五下午第三节课，千余名学生手持"个性课表"走班上课，成为附中独特的风景。

附：厦大附中校本选修课程

课程类别	课程名称
传统文化与爱国主义	《唐传奇与小说创作》《钩针》《剪纸》《刺绣》《〈论语〉选读》《漳州朱子文化——朱熹在漳州》《悠悠闽南韵——我们身边的闽南传统文化》《中国优秀传统文化》《独具魅力的福建传统文化》《红色记忆：新中国十大元帅》《诗意人生——诗词名家精讲》《谈谈爱国》《带你品读经典诗词》《你应该知道的历史文化》
学科竞赛	《数学奥林匹克竞赛辅导》《中学数学思维拓展》《数学解题方法赏析》《物理竞赛》《大学物理先修课程》《格物致知 悟物穷理》《实验化学》《基于软件的化学结构建模》《高中化学思维与能力拓展课程》《中学生物的拓展与延伸》《高等生物学初探》《生物学竞赛》《C＋＋程序设计》《计算机编程入门》
校园写作	《时评例析》《电影艺术与写作》《吾土与吾民——乡土文学欣赏与写作》《电影欣赏与写作》《走进对联，快乐写作》《中学生创意写作》
艺体拓展	《网球训练与比赛》《攀岩训练》《高中男子篮球技战术训练》《武术训练》《乒乓球训练》《羽毛球教学与训练》《游泳技术训练》《高中男子足球训练与比赛》《高中女子篮球队训练》《高中女子足球训练与竞赛》《快乐跆拳道训练》《武术健身与防卫》《田径》《围棋》《音乐剧》《合唱》《民乐团排练》《舞蹈队排练》《乐队排练》《啦啦操》《素质教育舞蹈》《美术基础素描》《中学木刻版画》《书法》《油画风景临摹与创作》

续表

课程类别	课程名称
学科拓展	《影视与化学》《数学电影与文化赏析》《字从遇见你——文字解读》《日语入门》《西班牙语入门》《中学法语》《带上英语去旅游》《英美报刊选读》《天象观测》《物理"智造"梦工厂》《生活中的小妙招》《电动汽车的构造及制作》《心理学电影赏析》《3D打印建模及简易喷涂加工》《Python语言基础编程》《认识人工智能》《美食与地理》《七彩缤纷的花卉学》《影视作品中的物理知识》《生活中的趣味数学》《音乐与诗》《对联鉴赏与创作》《高中语文语法精讲专练》《走遍美国》《一起学几何动图》《现代战争中的数学智慧》《数学文化趣谈》《佳片有约——观纪录片、感中国崛起之路》《物理演示实验制作》《大文科通识课程》《英语趣配音》《跟美国学生一起学英文》《英语流利说》《爱生活爱数学——开心聊数学》《生活中的经济学》《近代中国风云人物》《影中窥史》《数学论文写作》《大明疑案》《简易机器人的入门与制作》《钱币、票证、理财工具》《高中学生发展指导——高中生涯规划》《浓缩的艺术——短篇小说欣赏》《走近海洋》《从课本到高考·高中数学》

3. 艺体类走班课程。目前大多数高中艺体类课程仍以传统的行政班形式组织教学，这种固定的、单一的班级授课制忽视了学生个体差异，难以做到因材施教。走班教学遵循了教育个性化理念，能充分考虑到学生的个体差异和兴趣爱好，为学生发展提供更广阔的空间，促进学生的全面发展。艺术、体育与健康校本课程也是在国家课程的基础上，发挥教师专业特长，围绕不同学科、不同门类，进行校本化开发，为每一位学生提供适合自己兴趣爱好的课程。

附：厦大附中艺体类走班课程

课程类别	课程名称
体育与健康类	游泳、篮球、武术、排球、网球、攀岩、足球
音乐类	管弦乐团、民族乐团、舞蹈、音乐剧、合唱
美术类	书法、油画、素描、版画、摄影

（三）实行选课走班，扎实推进课程实施

实施选科走班，让学生都有一张个性化课表，为每位学生提供合适的

教育。在具体实施过程中，学校还需解决一些问题：对于学生来说，涉及如何选科，选择什么类型的课，怎样选到自己满意的课；对于学校来说，涉及课程开设的时间、开设哪些课程、需要多少老师和教室。各项课程开设的相关问题都解决后，学校还需要合理、高效、有序地做好选排课工作。

  1. 确定课程时间。将走班课程分为三大类：一是新高考"3＋1＋2"选科走班课程，进入高二年级学习之前，学生确定选科组合；二是校本选修课程，学生在高一、高二共四个学期进行选科走班上课，学生每学期选择一门课程，时间安排在周五下午第三节；三是艺体类走班课程，为了充分利用现有课程教学资源，学校统一安排高二体育、美术走班，高二下学期通用技术走班，高三上学期音乐走班。

  2. 组织选科工作。学生选科是开展课程教学的前提，只有学生选好科，后面的课程教学才能有序开展。因课程类别不同，选科规则也略有差异。

  （1）新高考"3＋1＋2"选科走班办法。学生获得选择权后，"选科"成为新高考的关键词。为了便于学生科学选科，附中结合自身实际，制定了《厦门大学附属实验中学新高考"3＋1＋2"选科指导手册》，指导学生根据自己的学科兴趣、专业倾向、意向高校、学科能力、职业倾向等方面确定选科组合，并填写厦大附中新高考"3＋1＋2"选科走班志愿表。为了最大限度保证学生的自主选择权，采取多次预选的方法，允许变化，帮助调整。学生选科结束后，学校把选科组合相同学生组成行政班，当选科组合不足30人而无法单独组班时，采用小走班模式，即把五科选择相同的学生分在一个组合班中，一科走班教学。当组合人数超过55人时，通过增加行政班减少走班，保证学生的自主选择权，尽量减少走班带来的影响，做到分科、分类、分层走班教学。

  （2）校本选修课程走班办法。为了满足学生个性化课程需求，学校每学期会开设50余门校本课程，课程编排难度大，因此学校充分利用智慧校园网络平台选课、排课。每学期开学前，学生可以登录智慧校园平台课外选修栏目，提前了解本学期校本课程种类、教师简介、课程介绍、活动安排等。智慧校园网络平台选课系统开放后,学生可以根据自己的意愿选择一门课程,先选先得。大部分学生可以选到自己满意的课程,也有少部分学生可能无法一开始选到自己最满意的课程,但是有 4 个学期可供选择,最终每位学生都有机会选到自己满意的课程。由于竞赛类课程需要长期培训才能取得一定的成效,因此,这类学生可以提前申请,经竞赛指导老师和教务处同意后一直选择竞赛类课程,不再选择其他类校本课程。当然,为了更好地满足学生个性化需求,校本课程开课一周内,学生可以申请更换课程,经科任老师、教务处同意后,重新选课,最大程度发挥走班课程的灵活性,为每位学生提供合适的教育。

(3)艺体类走班办法。开学后,年段会开展选课培训指导,宣传走班课程,强调选课注意事项。每位学生都会在选课前拿到选课表,每张选课表上有课程种类、课程简介、教师简介等基本信息。这样便于学生提前了解课程相关信息,做出最优选择。学生选好课以后,由年段分类汇总上交教务处,教务处根据学生选课情况,在尊重学生第一志愿的前提下,统筹安排课程及上课地点。

附:厦大附中 2022—2023 年高二上学期美术类选课走班志愿表

班级:	姓名:	第一志愿课程:	第二志愿课程:
课程种类	课程目标		教师简介
书法	了解书法创作基础理论知识,能够运用各类书法形式进行创作。		沈老师:福建师范大学硕士研究生,中国硬笔书法协会会员、福建省书法家协会会员、漳州市书法家协会会员。
油画	由了解油画风格和临摹作品入手,在一定的实践基础上学习和了解油画创作的基本语言和方法。		廖老师:福建师范大学硕士研究生,美术学油画专业。
素描	用单色的形式去描绘一个物体或探求构图与造型。		林老师:擅长高中美术考学方向的系统训练。

续表

课程种类	课程目标	教师简介
版画	培养学生的绘画造型能力，强化学生的动手动脑能力。	郑老师：有独特的因材施教方法，尤其善于根据学生的特点设计个性化教学。
摄影	让学生熟悉和掌握摄影基本知识，实现真正入门，提高学生的拍摄水平。	阮老师：厦门大学硕士研究生，动画及摄影专业。

（四）实行"四位一体"课程管理与评价

1. 课程管理

走班教学学生流动性强，课程管理难度增加。为了保障走班教学有序开展，学校构建了"四位一体"的走班管理体系，形成"教师全员齐抓共管"的管理新局面。这就初步解决了走班教学中教师、教室不固定，学生难以监管的痛点，推动了走班教学的有效开展。

（1）构建"四位一体"走班管理体系。教务处、年段长、班主任、学科老师合力管理，解决学生走班教学的管理问题。学科老师是走班教学管理的核心，课前要根据学生名单做好考勤工作，并及时向班主任反馈情况，做好常规教学管理。教务处和年段长组成课堂巡视小组，对学生走班情况进行例行检查，重点关注学生考勤、课堂纪律等。

（2）采取多种方式加强学生管理。实行学科教师双岗管理。学科教师既要承担教学任务，又要完成所教班级的学生管理工作，保证学生安全，教学正常开展。学生作为自我管理的主体，要充分发挥主人翁精神，成立学生自律会，引导学生成为自我管理的第一责任人。

（3）提高教师从业能力、创新能力。校本化课程对教师提出了更高要求，我校围绕"从业能力""创新能力"两大关键问题开展多种形式的培训工作，提高教师的课程服务能力。

2. 课程评价

（1）新高考"3＋1＋2"选科走班评价。选科走班，生源基础的可比性减弱，学校对教师的传统的评价方式不再适用，几十年惯用的传统的评价体系崩塌，即使采用所谓的增量评价也因为作用因素太多而很难做到科学。我们认为，教师评价从重结果到重过程、从分数"精准"评价到服务"模糊"评价、从量评到质评、最终从教育质量评价过渡到教育服务品质评价势在必行，突出的仍然是对服务能力、服务水平和服务质量的考量。教师评价围绕"服务品质"进行，弱化单纯对学生考试成绩的考核。责任到人不等于分数到人。坚决避免因评价导致教师间出现无序竞争，杜绝背离人的成长规律和教育规律的教育行为，让学校稍稍有点诗意，所有教师都是"平等首席"。要营造好的师生关系，要激励每位教师建设好教师自身这门优质课程，要让"和美的人际关系"成为最强大的教育力量。

（2）校本选修课程、艺体类课程选课走班评价。就课程评价而言，以课程的教学材料为依据，考察课程内容是否具有拓展性，是否渗透新课程理念，能否与国家课程、地方课程形成互补，有无科学性错误，能否凸显校本特色，能否满足学生的学习需求和发展需要；课程结构是否清晰，能否形成相对完整的体系，符合学时要求。就学生评价而言，采用多元评价方式，突出综合性评价，由学生出勤情况和平时课业成绩相加而成。评价成绩在 60 分以上者，获得相应学分，评价成绩在 60 分以下者，则不能取得该课程学分。综合性评价成绩记入学生档案。

总之，我校开展的走班教学，既满足了学生多样化发展诉求，也提升了教师专业能力，并推动学校发展进入新阶段，遵循了"教育无非服务"的办学行动指南，用一流的教育服务品质，为每个学生提供合适的教育。

三、立足校情，开展综合实践活动

综合实践课程是指在教师的指导下，由学生自主进行的综合性学习活动。综合实践课程集中体现了新课程改革方向和价值追求，旨在改变学习方式，拓展学习空间，让学生走进社会生活，获得生存体验，使学生的学习生活更充实、更全面、更有意义且富有创造性。在新课程理念指导下，学校发动全体教师参与，开发满足本校学生发展诉求的课程资源，积极探索具有附中特色的综合实践课程实施办法、管理制度和评价方案。

（一）健全综合实践课程制度

综合实践课程的社会性、综合性和实践性强，为了更好开展，学校成立以校长为组长的综合实践课程领导小组，具体由德育处、教务处、学生发展指导中心、团委负责对社会实践活动进行协调指导。由班主任负责对班级的社会实践活动进行动员、组织、考核。由学校及班级学分认定工作领导小组对学生参加相关活动所获学分进行认定。

对教师进行课程理论培训。教师是学生进行综合实践活动的组织者、参与者和指导者，必须通过系统培训，使教师们充分认识在高中开展综合实践活动的重要性和必要性，准确把握高中综合实践课程的特点和目标，正确理解综合实践课程的有关内容、实施过程以及评价要求，正确、科学指导学生开展综合实践活动，加强对综合实践活动的管理，为学生开展综合实践活动创造有利条件。

确定综合实践课程目标。综合实践课程强调超越教材、课堂和学校的限制，从自然、社会和生活中选择和确定专题进行研究，并在研究过程中主动地获取知识、应用知识、解决问题。

制定实施方案。制定了《厦门大学附属实验中学研究性学习实施方案》《厦门大学附属实验中学社会实践及社区服务课程实施方案》等管理制度，其中包括综合实践课程内容、实施细则、评价方案、课程管理、经费保障等内容。

（二）构建多样化综合实践课程体系和评价机制

综合实践课程尤其注重学生多样化的学习方式，转变传统以知识传授为基本方法、以知识结果的获得为直接目的的单一模式的学习活动，强调多样化的实践性学习，如探究、调查、访问、考察、操作、服务等。因而，综合实践课程比其他任何课程都更强调学生对实际活动过程的亲历和体验。

1. 推动综合实践课程与校本课程相结合

针对综合实践课程"整体性、实践性、开放性、生成性、自主性"等特点，进一步拓展综合实践课程内容，学校在校本选修课程开设方面进行了一些有益的尝试。如开设了刺绣、3D打印、剪纸、中学木刻版画、实验化学、C++程序设计等课程，关注学生在学习过程中获得丰富多彩的学习体验。

2. 推动综合实践课程与其他学科相融合

校外社会实践活动是我校政治学科的传统特色项目，自2012年起已经连续开展十余年，每学年组织高中学生开展一次，范围涉及学校周边社区、农村、码头港口、公司企业、生态农场、宗教寺庙、革命纪念地等场所，有主题，有调研报告，有推介，形成了规范、系统的主题社会实践活动模式，探索了课内教学活动与课外实践活动相融合的实践型课程实施基本策略。

附：厦大附中思想政治学科主题社会实践活动主题（2012年至2021年）

时间	主题
2012年12月	探寻开发区企业的风采
2013年12月	关于普照禅寺的社会调查
2014年12月	关于漳州开发区农村经济社会发展状况的调查
2015年12月	关于福建豪氏威马有限公司经营发展的社会调查
2016年12月	关于漳州开发区大径后村宜居环境改造情况的社会调查
2017年12月	关于漳浦蜜原生态农场有限公司经营状况的社会调查
2018年12月	关于漳州招商局码头有限公司经营的社会调查
2019年11月	关于漳州龙海浮宫镇田头村富美乡村建设的社会调查
2020年10月	探访漳州市龙海白水镇红色继鳌堂
2021年12月	探寻漳州市华安九旦古村落文化

3. 推动综合实践课程与德育教育相统一

在关注学生实践能力的同时，注重进行德育教育的渗透，助力学生快乐成长。学校开展了"感恩父母，勤做家务""锦绣中华漫游记""清明网络公祭""走进养老院""杜绝舌尖上浪费"等系列主题活动。在一次次活动中，培养学生热爱祖国、热爱家乡、热爱他人的情感。

4. 突出综合实践课程实践特色

（1）开展校内实践活动。学校是学生学习的重要场所，要充分利用校园资源开展多样化的实践活动。如针对高一新生开展军姿训练、军事知识教育、军事技能训练、国防教育和纪律养成教育，提高学生政治觉悟，激发爱国热情，增强纪律观念，养成良好的学习和生活作风。

（2）搭建校外实践基地。综合实践课程基本特征是走进社会生活，即学生要融入社会，进行社会实践和体验。我校定点的社会实践活动基地有龙佳山庄、蜜原农场、东南花都。我校每学期定期面向全体学生，根据各年段的不同特点，精心设计、合理安排不同主题的综合实践活动。如在白沙、店地两个社区开展农村经济社会调查活动、龙佳生态温泉山庄拓展训练、漳浦蜜原农场考察学习、东南花都社会实践基地素质拓展训练。依据实践基地实际，深入开展相应的主题活动。收集学生社会实践调查报告，使之成为学生施展才华的一个舞台。在活动中，学生把在课堂上学到的知识应用到实践中，既开阔了视野，又有效地提高了动手能力、实际应用能力，丰富了社会实践经验。

（3）开展丰富多彩的社团活动。多样的社团活动是学校课程的重要载体。厦大附中以文学社、诵读社、舞蹈队、音乐社、围棋社、外文社等30个学生社团为引领，从2011年开始，创设文化月，开展丰富多彩的社团活动，以"我即文化"特色校园文化理念全力打造校园多元文化，注重每个学生的全面发展和个性特长培养，让学生充分展示自我的同时会发现、会创造。

5. 建立综合实践课程多元评价体系

综合实践课程评价采用形成性评价与终结性评价相结合，以形成性评价为主的方式进行，重视对过程的评价，重视学生在学习过程中的自我评价和自我改进，强调评价的激励性。评价的内容与方式必须充分关注学习态度，重视学习过程与方法，重视交流与合作，重视动手实践。以研究性学习为例，我校规定学生在高中阶段至少应完成3个课题研究，每个课题5学分，共15学分，三年课题研究时间应保证216学时。上学期开学后一个月完成动员、培训、选题、开题工作，下学期开学后一个月内完成结题、答辩、学分认定和成长记录袋的整理工作。指导教师负责认定学分，并将材料上报学校审核，审核无疑后将学分录入综合素质系统。学生将研究性学习档案袋汇入成长记录袋。

学分认定的条件：课题研究方案、研究过程记录、研究成果报告、三级（自我评价、小组评价、教师评价）评价结论；学时达到规定要求。学分由指导教师初步认定，学校课程改革领导小组确认。

（三）开展研究性学习是综合实践课程的外在表现

研究性学习是学生在教师的指导下，从自然、社会和生活中选择和确定专题进行研究，并在研究过程中主动地获取知识、应用知识，通过小组合作与自主探究的方法来解决问题的学习活动，具有科学性、实践性、开放性、生成性和自主性等特点。在研究性学习实践中，我校不断加强对研究性学习的管理，并取得了一些成绩。

1. 颁布方案。为切实贯彻《普通高中课程方案（2017版）》和《福建省普通高中综合实践活动课程实施指导意见》精神，坚持以生为本的全人教育的办学思路，结合学校实际，认真研究制定出我校学生研究性学习方案。方案一：明确研究性学习实施程序，即课程目标、课程内容、培训教育、学生选题、课题分组、聘请老师、研究方案、开题研究、实践体验、总结成果、结题交流、课程评价、学分认定、成果展示等，保障研究性学习有序开展。方案二：精心准备，在具体实施中做到"四到位"，即课程落实到位、教师指导到位、活动组织到位、过程管理到位。方案三：过程与结果并重。教师既要关注学生在研究性学习过程中的实践体验感，又要指导学生按照课题要求，完成研究性学习报告。方案四：交流展示。一方面学生要把研究性学习获得的相关经验进行交流，另一方面，相应研究成果也要汇编成册，并举办研究性学习成果展示活动。

2. 学习成效。通过广大师生的努力，2018—2021年共有600多个研究性学习小组，撰写论文报告603篇。在2018年、2019年、2020年、2021年漳州市"研究性学习优秀成果"评选活动中，共获一等奖11个，二等奖24个，三等奖39个。涌现出一大批立意新颖、有创新性和吸引力、人文性突显、体现中国传统文化、本土特色鲜明的课题，如"以木为偶，以偶为戏""关于开漳历史文化保护开发与利用现状的调查研究""冉冉升起的旅游新星——漳州开发区""瓷中瑰宝——对平和克拉克瓷的现状与发展研究""利用厨余食用油制取肥皂""探究影响自制酸奶风味因素""手机游戏的剥削逻辑"等。

特别是附中陈晋彬、徐初涵、赖文杰三位同学的科技项目设计类研究性学习成果"百变书包——展翼型带雨衣的便携书包",在2022年漳州市"互联网＋"大学生创新创业大赛中获得"金奖",并以最高分获得福建省萌芽赛道"创新潜力奖",代表福建省参加全国总决赛。最终在第八届中国国际"互联网＋"大学生创新创业大赛全国总决赛中获得萌芽赛道创新潜力奖（金奖）。这充分体现了附中重视科技创新教育,全面提升学生科学素养,着力培养科技创新人才,激发学生科学兴趣、创新精神和实践能力。

(四) 综合实践课程收获与反思

自2011年秋开始,经过10余年的实践,附中综合实践课程取得了一些成绩,但仍需要在实践中进一步完善、发展。

1. 关注学生需求

综合实践课程校本化实施中的"校本"首先是以本校学生为本,以真实学情为起点。同时,以"学"为中心的综合实践课程,要努力实现社会生活和学生自身的结合,切实关注学生的学习需求,即充分考虑需要什么和怎么开展的问题,选取贴近学生的生活,有利于学生主动地获取知识、应用知识、解决问题的学习活动。

关注学生现实需求,对综合实践课程做整体设计。任何学科教学要保证其实效,教师眼中都要有学生,不仅要着眼于学生的长远发展需求,也要关注其现实需求,综合实践课程的实施亦是如此。现实需求主要是指学生现阶段的期待和迫切学习需要。学生的现实需求在不同阶段、不同地方都有较大差异,关注学生的现实需求是综合实践课程校本化实施的重要体现。着眼于学生的现实需求对综合实践课程做整体设计,有助于激发学生的学习兴趣,增强学习动力。

考虑学生能力水平,对研究内容做层次设计。研究性学习是综合实践课程的重要抓手,其中研究内容是关键,要保证综合实践课程实施取得良好效果,研究内容应充分考虑本校学生学习能力和实际水平,设计适合学情的有思维层次的研究内容。这也是综合实践活动课程校本化实施应遵循的原则。

合理挖掘乡土资源，创设贴近学生的教学情境。乡土资源是来自学生身边或本地区的人、事、物，作为教学资源，学生较为熟悉，感觉亲切，易于激发学生学习兴趣，增强认同感。因此，乡土资源只要符合教学设计总体要求，就可以成为综合实践活动课程的首选教学资源。

2. 课内外有机结合

学科教学与社会实践活动相结合，凸显综合性，是综合实践课程的显著特点。课程综合性的特点在教学实施过程中表现在既可以把教室外的社会实践活动大课堂相关资源引入到课堂上，增强理论的实践支撑，也可以把课内活动延伸到课外，在实践中深化对理论的理解。实践和理论统一于教学过程，实践的理论内涵和理论的实践蕴意相映生辉。

把校外活动相关资源引入课内，以实践支撑理论学习。校外主题社会实践活动是可以基于学科任务开展的，在调研过程中，学生从学科的不同视角搜集到丰富的第一手材料，这些材料一般都与教学内容相关，只要稍作整理，就能成为课堂教学生动的情境素材。例如，2018年政治学科组织学生开展"关于漳州招商局码头有限公司经营的社会调查"时，参与此项活动的老师利用学生搜集到的"漳州招商局码头有限公司经营发展状况"的丰富材料，开设了"企业的经营"研讨课，取得了很好的教学效果。

把课内活动延展到课外，将学科任务嵌入社会生活。立足课堂，由课内活动延伸到课外主要有两种方式：一种方式是针对某一议题，在课前布置学生到校外调研搜集资料；另一种方式是为深化对某一观点的理解或体会，在课后布置学生通过调研搜集资料进一步探究。

总之，综合实践活动课程都是创造条件让学生接触社会，增强体验感、参与感，获得在实践中锻炼的机会，培养综合实践能力。因此，就需要学校和教师不断创造新的条件，在教学实践中，适时把学生需求与实践活动有机结合，使综合实践课程得到有效实施。

四、服务成长，开设校本特色课程

学校围绕"以人为本、以德育人、自立立人、和谐发展"的办学理念，引导学生成为身心健康、知识渊博、气质高雅并具有独立思想、民族情怀、国际视野、较强可持续发展后劲的人才。学校的特色创建从课程切入，在满足全体学生发展的同时，兼顾个性化需求，坚持以人为本，遵循教育发展规律。学校秉持开放办学的理念，充分利用高校、社会和家长资源，合力推进学校的特色课程建设。

（一）借助高校资源，开设通用技术课程

我校作为厦门大学第一所附属中学，充分利用厦大教育资源优势进行个性化教育教学实验，推动高等院校教授专家参与中小学课程建设，满足学生多元发展需求。自2019年起，为了充分借助高校科技教育资源提高学生通用技术水平，我校与厦门大学嘉庚学院开展通用技术课合作项目，由大学教授给中学生上课。厦门大学嘉庚学院充分发挥高校资源优势，挖掘潜能，课程设计由校企校地合作部牵头，实验教学与工程训练中心统筹协调，不断优化调整课程方案。参与的学院有信息科学与技术学院、机电工程学院、环境科学与工程学院、人文与传播学院等四个学院，各学院教师设计出了基于学科特点和高中生特点的特色课程，可满足学生不同的发展需求。

课程内容包含理论和实践两部分。理论课程有厦门大学嘉庚学院的陈可坚、顾元威和金守宽三位教授为高二年级学生开设的"技术与设计""工程技能基础教育""技术与设计"等专业知识的讲座。讲座围绕机电工程、土木工程等专业，向同学们科普工程技能的相关专业知识，讲述技术的定义和发展简史，带领学生走进技术设计的世界，燃起了他们对工程设计的梦想火焰，也为学生以后生涯规划做了铺垫，帮助学生明确自己的奋斗方向。实践课程包括物理基础实验、声光电电路制作、机器人拼装和认知、钳工制作、古琴认知和操作、数码相机认知和操作、叶脉书签制作、显微镜使用与样品生物观察、先进打印技术参观等9个主题，将课本知识

运用到实践操作中，使学生对课本知识有了更深的领悟，并体会到探索的乐趣。学生每半天选择1个主题参加实训，每个主题4学时，总结2学时，学生通过实训可获得18学时即1个通用技术学分。在物理基础实验室，厦大嘉庚学院老师以抛出问题的形式激发学生的兴趣，并讲解了光与驻波的魅力，引领学生从美学角度看科学。在钳工实验室，学生需要利用锯弓、什锦锉、划线针、钢板尺……在三小时内将厚度3~5毫米的铝板加工成创意钥匙扣。在3D打印实验室，老师细致讲解了3D打印机的内部构造、制作过程和工作原理，学生清楚地了解了工业生产流程。在技术实践课程中，学生通过现场听讲、工艺实践、作品制作、技术试验、方案物化及优化，发展工程思维和创造能力，强化手脑并用与知行合一，增强对技术文化的理解，形成良好的技术理性和个性品质。

这些课程需要学生将课本知识运用到实践操作中，使学生更深地领悟到知识的奥秘，并体会到探索的乐趣。同时，也能令学生在生活中摒弃杂念，洗去浮躁，在醉心学习的同时，实现对心性的磨炼，终将怀抱一颗更充盈更平和的心，在自我完善和全面发展的路途上愈加坚定，目标清晰地阔步前行。

（二）周末讲座，一号报告厅的美丽传奇

《基础教育课程改革纲要（试行）》指出："学校在执行国家课程和地方课程的同时，应视当地社会、经济发展的具体情况，结合本校的传统和优势，学生的兴趣和需要，开发或选用适合本校的课程。"基于此，我校立足高中生周末大都留校的实际情况，充分利用校内外各种课程资源，开设周末讲座。自2009年以来，共有三百余位校内外教师、学者、专家在此开设讲座，带给全校师生多元的文化熏陶，铸就了一号报告厅的"美丽传奇"。

2009年6月20日，姚校长身先士卒披挂上阵，开了第一场讲座"让我们与学校共同成长"，并提出了厦大附中坚持素质为本、多元发展的培养目标。在学生的自我可持续发展能力上，强调以下表现：有较清晰的自我意识和自我评估能力；有良好的人际沟通和合作交往能力；有良好的学习习惯和自学能力；有初步的自我生涯规划能力。在学生的素质结构中，

强调培养学生以下核心品质：具有科学思想、创新精神和良好的心理素质；培养爱国情怀、国际视野；基于现代道德标准和人类核心美德的道德观和价值取向，陶冶高尚的道德情操；在听、说、读、写、算等学习技能各领域，具有较高的学术标准和表现力；有良好的外语基础；有探究人类周围世界的好奇心和自信心，有信息加工能力、方法运用能力、人际合作能力、过程评价能力、成果应用能力和语言表现能力；有营养、保健、运动、审美、卫生和绿色生活的常识和科学、文明的生活习惯；独立生活中有较强的自我管理能力，能以宽容的心理直面生活中的困难。从这场讲座开始，姚校长开创了"校长周末100分钟"的系列讲座，在这些讲座中，姚校长对学生们谆谆教导，秉行了师长的教导之责，真正使讲座成了厦大附中学子成长的一大摇篮。

办学以来，厦门大学专家学者经常来校讲学，成功打造了数十期"厦大系"讲座，或科学普及、或思维启蒙，给厦大附中带来了名家大师的灵魂空气。厦大数学学院院长、博士生导师林亚南教授，成为首个应邀而至的厦大专家。2009年6月23日，姚校长在致辞中说："林院长以知名学者的身份到一所名不见经传的中学来为中学生做讲座，其品德、学养、学术忧患感和社会责任感是值得我们学习的，林院长的到来，为厦大附中的历史更增添一份厚重感。"

依托海峡，借助地缘，在海峡部台生班的基础上，附中和以明道大学、明道中学教师为代表的台湾教授学者有了高频高质的交流。作为福建省首个台湾教材、台湾教师的台生班教学团队，他们给附中带来了最原汁原味的东岸之风。史乃鉴、罗文玲、萧萧、曹立法、林淑如、张育榕等众多台湾教师的讲座，场场座无虚席。

本校教师也施展拳脚。附中教师来自全国各地，几乎全是985、211高校应届毕业的研究生，全国各省各市的风土文化、全国各大高校的年轻气息融汇于此，讲座精彩纷呈，既有文史之味道，亦有理工之专业。

社会人士，开门迎接。旅美画家陈文泽、厦漳大桥设计师、漳州文联主席、厦大后勤集团营养师等，都成为了一号报告厅的座上嘉宾，为同学们开设了特别而有意义的周末讲座。

周末讲座不是只关注学科内容，重点在于激发学生好奇心，引导学生关心身边事，关注社会问题，开阔学生的视野，培养学生的创新精神与实践能力。学校一号报告厅里的红色座椅是全校师生的周末最爱，周末讲座也成为最具有附中特色的校本课程。

附：厦大附中部分周末讲座内容

讲次	主题	主讲人	时间	备注
1	让我们与学校共同成长	姚跃林校长	2009.6.20	本校老师
2	数学学习方法	林亚南教授	2009.6.23	厦门大学
11	艺术随谈	陈文泽先生	2010.10.30	旅美画家
17	从厦漳大桥融资工作谈起	萧洪光先生	2011.3.27	厦漳大桥有限公司财务总监
25	纳米技术专题讲座	杜进博士	2011.7.2	中国科学技术大学
33	中国历史小漫谈——自然与自由的追寻	谢绍鹢博士	2011.11.6	厦门社科院
34	优雅的理财	林素娥老师	2011.11.8	台湾明道中学
39	中学生饮食营养与饮食安全	江森民教授	2011.12.10	国家高级公共营养师
40	打棒球的乐趣	萧良吉教练	2011.12.17	台湾著名棒球教练
42	再生能源科技	史乃鉴教授	2011.12.28	台湾明道大学
49	从历史看领导	曹立法主任	2012.3.31	本校海峡部老师
54	词汇、表达与扩展	艾莉西亚·威尔姆	2012.5.19	厦大嘉庚学院外籍教师
169	常拍快拍——摄影知识讲座	陈燕老师	2016.11.26	高级摄影师
226	富勒烯C60的发现	郑兰荪院士	2017.12.28	厦门大学
227	书法的学习与鉴赏	黄坤生主席	2018.1.5	漳州文联副主席、书法家协会主席
258	为往圣继绝学——民法典的学习与探讨	高武渊学长	2020.11.21	福建天衡联合律师事务所执业律师
309	流媒体之王Netflix(美国奈飞公司)尚能饭否？	孟文婷老师	2023.2.18	本校教师

（三）周末电影，礼堂的视觉盛宴

厦大附中有 1000 多名来自全市各地的寄宿生，为了丰富同学们的校园文化生活，缓解学习压力，从 2013 年开始，每周六晚上 7 点在学校礼堂播放一部电影，目前已播放 220 期。周末电影已经成为附中校园的一大亮点，成为同学们学习生活的有益补充。

在周末电影播放过程中，我校教务处、德育处、学导中心、团委、学生会对电影资源进行开发、设计、整合，把电影资源融入高中课程，弥补现有课堂教学的缺陷，形成适合学生身心发展特点、能满足学生兴趣和需要、具有附中特色的校本课程。周末电影活动实行学生自主管理，学生会智库根据学生需求，按照"感恩""爱国""科幻""心灵"四个主题挑选适合学生身心发展的电影，经学导中心老师审核通过后组织播放。在周末电影活动中设置导看环节和影评反馈环节，用来指导和帮助学生观影。学生可自愿在便利贴上以几句话或一段话的形式记录下自己观看电影后的真实感受，学生会智库成员选取部分优秀的作品送至文学社，以专题形式在《观澜》报上登出，观影活动与校园写作结合，观影落到实处，写作见到实效。

充分利用电影资源中蕴含的人性之美，触动学生复杂、敏感的心灵，让学生在"欢声笑语"和"泪流满面"中接受一点一滴的教育与感化，使电影成为德育、心理健康教育的重要载体。"周末电影"对培育人格健全、身心健康、知识渊博、气质高雅、思想独立、具有民族情怀和国际视野的新时代中学生起到了其他课程不可替代的作用。

学校特色课程以国家课程标准为指导，满足学生需求为导向，服务学生成长为目标，努力为每个学生提供合适的教育。

第四章

体育美育健精气　劳育为本塑品格

本着尊重学生的"现实快乐"、全面提升学生的综合素质的原则，厦大附中依据《中国教育现代化2035》《国家学生体质健康标准》推进各项工作开展。融合内容，系统规划，循序渐进，以促进学生身心健康全面发展为目标，树立健康第一的教育理念，全面强化学校体育工作，全面加强和改进学校美育工作，弘扬劳动精神，强化实践动手能力、合作能力、创新能力的培养，构建起以体育美育劳育推动品德与智慧发展的平台。经过16年的发展，学校师生综合素质培养工作取得了较明显的成效。

一、强健体魄，砥砺坚毅体育精神

（一）把握站位，扎根课堂

附中体育工作全面落实教育部《国家学生体质健康标准》的文件精神，始终以"办好人民满意的教育"为宗旨，把体育工作摆在学校工作的重要位置，聚焦学校五年发展规划，让每名学生掌握1~2项运动技能。不断深化体育工作改革，狠抓学校体育课堂与课外活动管理，规范办学行为，大力开展"阳光体育运动"，全面提高学生体质，体育成绩硕果累累。以2022年为例，高中男子足球队获市冠军，并代表漳州参加省赛获三等奖。游泳队在漳州市获得7金6银2铜的好成绩，在省赛中再获3铜及多个前8名，最终获得团体总分三等奖。乒乓球队在漳州市获得2金1银2铜，省赛获三等奖。校田径队初中女子组在市赛中获200米第六名，400米和800米第四名，1500米第二、第五名；初中男子组获1500米第二名并打破校纪录，400米栏第四名。定向越野队高中组获4金3银1铜的好成绩。高中男子篮球队获全市第四名。在省级攀岩展示活动中附中获（团体）三等奖。武术方面方诗恒同学参加福建省体育局主办的"2021福建省青少年武术套路锦标赛"，获得男子甲组通背拳第二名，同时荣获"国家二级运动员"称号。2020—2022年，尽管受疫情影响，学生的运动时间和场地受限，但学生的运动热情没有减弱，体育成绩没有下降，学校体育办学实力逐渐提升。

（二）立足制度，改革创优

1. 建设平台，内涵发展

（1）学校组织全体教职员工深度学习福建省示范性高中建设的相关要求，注重宏观设计，建立制度促发展。附中依据省厅《福建省普通高中达标评估办法》订立学校的办学规划，以规划为指导，引领广大附中人树立"健康第一"的理念，要求学校各项工作认真贯彻学校体育工作法律法规：重视培养学生基本的运动技能和坚持锻炼身体的良好习惯，认真执行国家课程标准，开齐上好体育与健康课，坚决保障学生每天锻炼1小时；正常开展"二操"（课间操、眼保健操）；学校每年召开全校性春、秋季运动会；自2012年起上报学生体质健康客观数据到"中国学生体质健康网"，学生每年的体育与健康课考核合格率、国家学生体质健康标准达标率和优秀率分别高于95%、85%、25%。

学校通过教代会制定了《厦门大学附属实验中学优秀辅导员考核条例》《厦门大学附属实验中学运动会体育道德风尚评比办法》等规章，以规章引导推动体育教师担任班主任工作，即优秀辅导员评审项目，以此充分发挥体育教师在课余兴趣小组方面的作用，从而带动学生体育素养的发展。制度执行过程受到教师广泛关注，每年按照不高于50%的比例，组织评审优秀辅导员，要求严格，程序公开，推动了相关工作稳定持续开展。

高标准落实上级文件，形成高品质常规工作。高标准落实中小学体育课程计划要求，严格按照国家规定，开齐上足中小学体育课，不断提高体育课堂教学质量。同时，按照教育部下发的《切实保证中小学生每天1小时校园体育活动的规定》，学校制定了本校确保学生每天1小时体育活动的实施方案与措施，并对社会公布。每天上午统一安排30分钟课间体育活动，高中时间为 7:30—8:00，初中时间为 8:45—9:15；下午课后组织学生进行 1 小时课外体育锻炼；体育活动和课外体育锻炼时间、内容及形式列入学校教学计划，分项目内容扎实开展。学校还根据教育部《关于在义务教育阶段中小学实施"体育、艺术 2＋1 项目"的通知》文件要求，全面落实"体育、艺术 2＋1 项目"。

（2）确立发展模式，加强人才阶梯式培养。厦大附中以学校特色项目建设和国家、省、市体育传统项目学校建设为抓手，结合校园环境特点，重点加强校本研究与兴趣小组融合，创新体育培养模式，开展适合师生的体育活动。教师依据自身特长开设校本课程，成立兴趣小组，引领特长学生队伍阶梯成长。阶梯培养模式，就是教师在组织学生队伍时，要求招收各年级学生，并考虑到具体的比例，系统安排，防止出现断档现象。特别是足球、篮球、乒乓球等具有群众基础的项目，进行比例控制和引导。经过多年积累，附中正逐步形成初高中纵向衔接、横向贯通的体育阶梯型人才队伍培养体系，阶梯培养模式持续推动附中体育成绩蒸蒸日上。

（3）开展丰富多彩的群众性体育活动。体育活动是学生身体健康之本，大力组织群众性体育活动是厦大附中的办学重点内容。每学年有两次运动会，春季运动会结合学校特色，大力开展足球、篮球、攀岩、网球、游泳、乒乓球等球类活动与其他兴趣活动，推动群众性体育活动广泛开展。受地理位置影响，开发区天气炎热，秋季运动会安排在 12 月初，在 2022 年秋季运动会上，一共有 1616 名运动员参加了 19 个比赛项目，有 6 人次打破学校纪录。另外通过德育处、团委、工会联合组织系列活动，如迎新年环校园长跑活动，年段内部体育对抗比赛，班级对抗赛等活动；校际间有气排球比赛、篮球比赛等活动，让广大教师与学生感受运动的快乐。2022 年 12 月 27 日，体育老师叶思明和朱晴组织了九年级篮球赛，队员们在赛场上努力拼搏，精彩频出，比分紧咬，扣人心弦。赛场下，同学们热血沸腾，掌声连连，加油不断，气氛十分热烈。

围绕"一生一体育特长"的要求，每一位学生都有一项以上体育特长，成为附中学生的基本要求。在附中的田径场、体育馆和空地上，师生们每天都积极参加体育活动，"运动去"成为附中师生的口头语，快乐运动成为大家的共识。尽管学校空间大，但是运动场地冲突在所难免，和谐的师生关系是附中显性文化，在场地出现冲突时，老师们主动退出，在场地不冲突时，师生共运动。教育无非服务的理念引导着师生，如果你到附中来，在羽毛球场、篮球场、攀岩场、网球场等场地，你会发现教师指导学生运动的现象非常普遍。经过几年的努力，"一生一体育特长"的要求基本实现。

2. 加大投入，确保水平

（1）学校硬件设施完善。学校占地面积278.43亩，对中学而言有此面积的学校数量不多，广阔的校园保障了学生自由的生活空间，所以经常有学生到高校学习后说，他从一所像大学的中学到了一所像中学的大学。学校硬件设施比较完善——标准的400米跑道田径场，标准的恒温室内游泳馆，标准的室内体育馆，还有7个篮球场、4个羽毛球场以及攀岩场地等，这些都是学生运动的极佳场地。场地建设投入巨大，其中游泳馆投入2200多万元，体育馆投入2700万元，田径场投入650多万元，攀岩场地投入72万多元，其他各种设施投入175万元。

（2）加强教师队伍建设。体育教师队伍不断扩大，教师素质不断提升。学校招收教师的基本要求是研究生学历。为了能够适应学生选科走班的需要，漳州开发区管委会给予学校较大的支持，同意按师生比1∶10的标准，增加招聘体育教师。目前学校有体育教师16人，所学专业涉及田径、武术、足球、游泳、排球、篮球等，为满足一个班多位教师上课、促进学生个性化的体育特长发展提供了保障。

（3）提高教学保障。严格执行国家《学校体育工作条例》的相关规定，在职称评定、福利待遇、工作量计算、评优评先、外出学习培训等方面，体育教师与其他学科教师享受同等待遇。在公用业务费中按照每年600元至1200元的额度为体育教师配备必要的装备。还出台了《厦门大学附属实验中学优秀辅导员考核条例》，体育教师获评一次优秀辅导员可以等同一年班主任工作。修订《教师年度考核条例》，规定体育组教师评选优秀单列。这些措施极大地调动了体育教师的工作积极性，激发了体育教师的工作热情，逐步扭转了体育教师边缘化倾向，教师积极性带动了体育工作的快速发展。

3. 落实常规，促教增质

（1）严格落实开足开齐体育课。学校按照国家课程方案和课程标准开足开好体育课程，依法依规落实不同年级体育课与体育活动要求，即使到了初三、高三毕业班，仍然不削减、不挤占体育课时间。注重科学安排课程内容，全面落实中学生体育建设工程，重点关注学生体育能力和体质水平差异，充分利用课堂时间组织学生参加锻炼，加大学生的运动强度，提高学生的健康水平。在加强健康知识教育的同时，注重运动技能学习，科学安排运动量，重视实践练习，教师的体育教学水平不断提高。

（2）加强课外体育锻炼。学校利用 30 分钟大课间开展体育锻炼活动，因年段不同，活动形式各有差异，有的年级做广播操，有的年段跑操。因中考需要，九年级在第一学期下阶段开始跑操，开展跑步、跳绳、集中训练等活动，成效明显。学校开展校本课程与兴趣小组活动。每周三下午与周五下午为校本活动时间，而周末为兴趣小组活动时间，为学校特长生发展提供了机会。

（3）扎实开展阳光体育运动。认真组织实施阳光体育运动，将其纳入学校日常管理，使课内课外相结合、集体个体相结合、兴趣技能相结合、规范特色相结合，因地制宜、因年级制宜组织开展体育活动，努力营造"人人有项目、班班有活动、年段有特色"的体育氛围。以创建福建省达标校、示范校为抓手，进一步推动学校体育工作开展。

坚持是附中的文化特质，坚持能让许多活动具有更加丰富的意义。学校春季、秋季运动会坚持召开，校本课程坚持开展，兴趣小组坚持组织，暑期坚持训练，经过多年坚持，学校取得了不俗的成绩，受到了上级表彰。2022 年 9 月 28 日—9 月 29 日，漳州市体育中考备考暨课后体育活动服务研讨会在我校一号报告厅召开。此次活动由漳州市教育局中教科主办，厦大附中承办，各县区中教股长、体育教研员、教研组长等骨干教师参会，旨在进一步落实"双减"政策，提高课后体育活动服务质量，增强学生体质。

4. 强化意识，评测一体

严格执行漳州市体育考试标准，完善考核办法。依据漳州市考核内容，学校特别加强了考核内容的完整性，即使在疫情防控的特殊情况下，学校依然有针对性地制定了体育考试方案、应急预案，强化考务组织，对初中毕业生进行了立定跳远、掷实心球、坐位体前屈、篮球绕杆（足球绕杆）、耐力跑（男1000米、女800米）的统一测试，做到了"统、严、细、准"，多年来上级对学校体育工作的评价都为优，连续多年被漳州市教育局评为"漳州市信得过学校"。

加强体育教学质量监测。为了进一步加大力度，全面施行《国家学生体质健康标准》，督促学校添置测试器材，搞好学生体质健康测试工作，附中建立健全学生体质健康档案和《国家学生体质健康标准》测试报告制度，连续多年测试上报率为100%，学生体质平均分有明显提升，总体合格率逐步上升，已经达到93.3%。附中把测试结果作为中小学生成长记录和综合素质评定的主要内容，列入学生成长档案，作为学生毕业、升学的重要依据，并及时向学生和家长及班主任通报。我校学生的总体体质健康状况稳步提升。学校采取的主要措施有：首先，对学生加强身体健康意识的教育，同时开足开好体育课，组织好课外体育活动。其次，对体育老师及相关人员进行规范培训，从而保证测试数据真实有效，每年测试完成后，都组织相关人员对数据进行分析，从中发现问题，为今后的体育工作提供依据。如2015年体质测试后，通过数据分析发现学生体质健康总体良好，但优秀率比较低，再对优秀学生分析得知，75%的学生都喜欢跑步，因此，学校在体育课，尤其是课外积极引导学生加入到跑步中来，取得了良好的效果。

严格执行国家体育器材质量标准，对体育馆、游泳馆、田径场、篮球场设施开展维护管理，确保其安全运行。学生喜欢运动，但有时也会出现扣篮手挂篮网、踢球磕碰、游泳剐蹭等安全问题，学校不断完善体育活动安全制度管理，明确安全责任，完善安全措施。利用晨会时间对学生进行专题引导教育，在各活动场所安排专人守护，科学合理地制订活动计划和流程。在组织学生运动会等大型体育活动时，制定并落实突发事件应急预案，防止发生群体事件。建立和完善青少年意外伤害保险制度及校园意外伤害应急机制，全面办理校方责任保险和学生意外伤害保险。建立厦大附中体育工作专项督查制度，定期对学校体育工作进行督查，加大学生体质健康在教育督导、评估中的权重。通过多方努力，实现保安全、提质量的目标。

5. 凝聚优势，守正创新

姚校长经常说附中的特色是从学校泥土里长出来的，附中在组织教学过程中，结合学校环境、学生爱好、教师特长，在建校初期大力开展篮球与足球活动。学校建设了8个篮球场地、1个标准的足球场、4个足球小场地，学生们可以在优良的体育场地和设施中举办活动，参加比赛，提高水平。学校专职从事足球教学的有3位老师。杨文廷老师负责高中男子足球队，王作为老师负责初中男子足球队，王作为、王甜甜老师分别负责初、高中女子足球队。在3位老师的带领下，初中男子足球队获得漳州市第二名，省赛获三等奖；高中男子足球队获得漳州市冠军，省赛获三等奖。经过不断积累，我校在2015年被教育部评为"校园足球特色学校"。特色建立后，学校专门成立了"厦大附中校园足球领导小组"，校长任组长，分管体育的副校长专门主抓足球工作，结合我校实际情况，对校园足球工作进行了详细规划，分阶段分层次有序推进。根据规划，我校在初中开展校园足球赛，重点放在初一、初二，其他年段适时进行，两个年段每班每周不少于一节足球课。集中力量，突出重点，活动持续实施，保证效果。另外开展系列足球文化活动，主要有画足球、写足球（足球征文）、足球文化创意等，这些活动集中在5月份进行，并逐渐形成"足球文化月"，让每个学生都能参与到校园足球活动中来。当前我校校园足球活动取得了良好的效果，无论男生女生，都表现出比较强烈的足球热情。

篮球运动是青少年最喜欢的运动之一，学校加大投入，尽可能多建设篮球场地，让喜欢篮球的学生有地方打篮球，因兴趣而产生动力，学生的热情推动了篮球整体水平的提高，学生篮球队在漳州市比赛中获第四名，学校于2020年被评为"篮球传统特色学校"。［《教育部办公厅关于公布2020年全国青少年校园篮球、排球、冰雪体育传统特色学校等名单的通知》（教体艺厅函〔2020〕34号）]。

由热爱到推广，由推广到特色，进一步形成学校的传统项目。附中再接再厉，推动网球运动、攀岩运动发展。目前学校投入70余万元建设了攀岩场地，有两位教师组织专项训练，参加2021年、2022年福建省示范性高中建设学校攀岩展示活动，队员们在赛场上顽强拼搏、永不言弃，获得展示活动团体三等奖。网球活动受场地限制，我校与厦门大学嘉庚学院联合，借用大学场地，聘请大学教师指导，借用大学的资源，推动网球运动。学校已经组队参加三届福建省示范性普通高中建设学校网球展示活动，获得展示活动团体三等奖。

学校的体育工作综合发展，为学生成为全面发展的人打下坚实基础。附中学生把锻炼好身体作为自己的社会责任，逐渐掌握自学、自练、自我调控、自我设计、自我检测等多项能力。

二、提升品味，陶冶高雅审美情操

（一）并驾齐驱，扎实培育

学校的美育主要包括美术教育与音乐教育。自2007年建校以来，学校非常重视美育工作。审美跟随人的一生，审美影响着我们的生活细节，影响我们的工作质量，影响着人的终身发展。厦大附中围绕漳州市教育局提出的"三个一"工程理念，扎实培育，为学生发展建立基础，大力开展丰富多彩的美育活动，争创学生喜欢的学校。学校美育工作主要从三个方面开展，其一是教师课堂教学，其二是课后兴趣小组活动，其三是群众性艺术活动，课堂教学是主渠道。经过16年的努力，学校的美育工作成绩显著。以2022年为例，虽然受疫情影响，但一年来仍有10名学生的美术作品入选区级、市级美术展览，其中8名学生的美术作品入选漳州开发区30周年作品展，2名学生的美术作品入选"漳州市青少年科技创新大赛"美术作品展。在"九龙江杯"漳州市第三届中小学生艺术节大赛中，我校学生的管弦乐合奏《一步之遥》《风吹麦浪》获一等奖，小合奏《彩云追月》《浏阳河》，合唱《夏天的梦是什么颜色的呢》《思念》，群舞《采薇》

获二等奖。响应国家1人1项艺术特长的要求，学校合唱团、民乐队、歌手部、舞蹈队频繁开展全校歌唱类、表演类活动，我校音乐教师贾嵘彬老师带领合唱团学生创作并录制毕业季原创歌曲《无声》。学校在校园文化月充分开展艺术活动，组织篝火晚会、迎新年钢琴演奏会、十佳歌手大赛、戏剧节等，让广大学生在美育活动中获得熏陶和成长。

（二）挖掘资源，系统组织

1. 活化制度，开展活动

（1）学校组织全体教师深度学习《福建省普通高中达标评估办法》《福建省示范性普通高中建设学校过程评价及确认评估指标（试行）》的相关要求，注重宏观设计，建立制度促发展。学校通过教代会制定了《厦门大学附属实验中学优秀辅导员考核条例》，加强美育工作规划。16年里学校先后制定四版厦大附中五年规划方案，规定美育内容，将美育融入学校教育的全过程，有特色艺术项目，文化艺术活动内容丰富，形式灵活多样，普及面广。以广场钢琴演奏会、合唱节、新年联欢、美术作品展览、丰子恺美育基地等形式为重点举办全校性美育活动；不断提高学生的审美能力、艺术鉴赏能力和艺术表现能力，美育成绩突出。

（2）落实上级文件。严格按照国家规定，依据《普通高中课程方案（2017年版 2020年修订）》《国家中长期教育改革和发展规划纲要（2010—2020年）》，福建省教育厅《关于印发福建省义务教育美术和音乐学科教学指导意见（试行）的通知》（闽教基〔2018〕94号）精神，落实立德树人根本任务，全面加强和改进学校美育，努力构建德智体美劳全面发展的教育体系，提高教育教学质量。开齐上足中小学美术与音乐课，不断提高美育课堂教学质量。从七年级到高中三年级，都正常开美育类课程。

（3）开展丰富多彩的美育活动。为了让学生更多地体验到艺术感受，我校将美育课程进行了拓展，组建了舞蹈队、合唱队、民乐队、电声乐队、音乐社、书法组、陶艺组、国画组、油画组、花样跳绳队、健美操队、戏剧、戏曲、素描组等校级学生艺术社团和兴趣小组，让学生根据自己的爱好自愿选择参加。拓展的内容要求参与学生可以不"精"，但基本要"会"。通过举办校园文化艺术节、合唱节、戏剧节、艺术文化月、学生美术作品展、学生手工作品展、周末广场音乐会、校园十佳歌手赛、广场钢琴演奏会，参加漳州开发区、厦大嘉庚学院等文艺演出活动，给学生充分展示的平台，培养学生的兴趣爱好，逐步提高学生的艺术品鉴水平。另外，学校每周至少开展1次美育活动，每年至少组织10场大型活动，活动面向全体，覆盖面达85%左右。

学校充分挖掘校友资源与教师资源，开展大型美育活动，带动美育快速发展。2021年12月19日，"我们都是附中人"胡碧芳老师独唱音乐会在学校礼堂举行。"我们都是附中人""一声附中人，一生附中情"，表达着师生在这所校园相遇、相识、相知的喜悦和幸福。2022年5月17日，我校邀请谢晨露、黄茜两位校友专程回到母校，与贾嵘彬老师一起呈现了一场酣畅淋漓的钢琴演奏会。通过教师或校友等优秀音乐人士的表演，激发附中学子的艺术激情。

2. 注重硬件，强化师资

加大投入，完善硬件，全面开放，确保学生全面发展。近年来，漳州开发区管委会高度重视我校艺术教育发展，艺术教育经费投入总数占本区教育经费的3%。投资5200万元用于艺术馆的建设，并将艺术教育专项资金10万元用于日常训练、作品创作、设备购买、演出比赛、观摩学习等。建设艺术馆总面积约13500平方米，包括国画教室、素描教室、书法教室、陶艺教室、版画教室、综合展厅、合唱排练厅、电子琴教室、音乐创作室、音乐教室、钢琴房、舞蹈排练厅、演播厅、综合排练厅、办公室以及艺术器材室。丰富的场馆，传递着艺术的内涵与精神，有力地保障了学生的学习、训练需求。最重要的是，所有的设施面向全体学生开放，12间钢琴房全部向学生敞开，学校大礼堂每周六播放周末电影，至今已播出210部；一号报告厅每周日开设周末讲座，至今已开设311期，所有学生均可参加……学校希望这些设备能满足学生需要，所有的师资都能为学生服务。所以，从附中毕业的学生视野开阔，能够立足家乡，关注国内，放眼国际。

加强教师队伍建设。为了确保美育质量，学校配备了精干的美育专职教师队伍，教师有较好的素质、较高的专业水平和教学能力，在教学中发挥了骨干带头作用。在学校核定的编制总额内，按照课程方案规定的课时数和学校班级数配备艺术教师，满足艺术教育基本需求，并加强教师培训，提高教师队伍素质。学校结合班级规模有序增加招聘人数，至2022年，学校艺术组教师共10人，其中音乐教师5人，美术教师5人，能够满足学校教学需要。学校谋求课程的基础性、多样化和选择性的统一，学术性课程与学生的经验和职业发展有机结合。除了在传统的学科课程中引进与课程目标相匹配的、鲜活的、有时代感的课程内容外，适时增加新的课程领域或门类。引导学生制订学习计划。让每个学生在入学的时候，根据自己的兴趣、爱好、个性特点以及学校所提供的课程信息，选择学习的课程，确定学习的基本进程，由此形成个人的学习计划。随着学习进程的深入，学生可以根据自己的内部和外部的变化，不断调整计划，以尽可能适应自己的需要和特点。

3. 躬耕课堂，研发实践

我校将美育常规工作作为学校的重要基础工作来抓，以音乐课程标准、美术课程标准为基础，以全面实施素质教育为宗旨，以创新教育为突破口，以解决教育教学中存在的实际问题和学习研究新教材为重点，以校本教研和专题培训为基本形式，以专业知识与技能的提升为根本方向，努力探索新的教育教学方法，开展了一系列教育教学活动，全力实施新课程。相继开展了以明确教学思路、规范教学行为为主题的教研活动，不断探讨和解决教学中的实际问题；开展了以解读课标和教材、更新观念、改变教学行为方式及学生学习方式的新教材培训活动；开展了探究学科教学问题、增强科研意识的学科小专题研究活动；开展了促进学科之间、师生之间互动交流与学习，达到资源共享的省市级开放课和送课下乡活动；开展了充分利用网络优势，跨越时空，实现专家与教师、教师与教师之间，开放、平等、互动、共享、共进的网络教研活动。系列教育教学研究活动，有效地践行着新课程改革的精神。

按照国家颁布的中学课程要求开齐、开足艺术课程。坚持课内与课外相结合，普及与提高相结合，坚持群体提高与个体特长发挥相结合，坚持日常教学与活动相结合。一方面要求艺术教师上好常规课，提高课堂教学质量，另一方面通过营造艺术氛围，开展丰富多彩的课外、校外艺术教育活动，做到活动经常化、多样化，全面提升学生的艺术鉴赏水平、艺术表现水平及艺术创新能力，使学生的艺术素质与其他素质和谐发展。特别是当下附中的课堂，同一堂课可能有三位教师在上课，有的学生喜欢油画，就到油画教室，有的学生喜欢素描，就到素描教室，有的学生喜欢书法，就到书法教室，一堂课尽力满足大家的艺术需求，课堂丰富多彩，各取所需，个性化课堂改革正在落地，实现。

利用本校教育资源，开发具有民族、地域特色的美育课程，推进教学改革，提高教学质量。对于美育校本课程建设，在教师配备、教育管理等方面，都有相应制度，并发布学校美育发展年度报告。结合大家喜欢的闽南地方特色版画项目，学校专门推出了版画课程，由两位老师共同引领完成。常规工作是基础，美术与音乐学科在贾嵘彬组长的带领下，严格有效地抓好常规建设。坚决落实集体备课，结合附中示范性高中后时代发展，美音组开展艺术教育，渗透三观理念，加强深度学习，提高学生的审美水平。教师认真开展听评课，参与公开课、观摩课、交流课、研讨课等活动，打造三种样板课型，最终各自形成一套高效、实用、较为固定的教学模式。开发校本教材10余种，有电子琴教程、合唱教程、素质教育舞蹈教程等。

4. "一生一特"，普专结合

为了促进学生学习和提高，学校每学期对非统测科目进行测评。艺术组采用理论加技能相结合的方式（理论占30％，技能占60％，常规考核占10％）。首先，在每学年开学初，教师根据自己备课任务的相关内容，科学合理地制作出理论试题，同学科、同年级教师共同商议出技能考核的项目和评分标准。其次，加强"一生一特长"培养，在课堂上进行普遍培养，利用课余的兴趣小组活动加强特长培养，利用校本课程加强个性化培养。通过16年努力，附中学子毕业时，100％的学生至少有一项艺术特长。

改进美育评价。学校要求学生学习音乐、美术、书法等艺术类课程，并将参与学校组织的艺术实践活动情况纳入学业要求。福建省学生综合素质评价系统主要考查学生对艺术的审美感受、理解、鉴赏和表现的能力。美术与音乐教师在教学过程中着重记录学生在音乐、美术、舞蹈、戏剧、戏曲、影视、书法等方面表现出来的兴趣和特长，并对学生参加各种艺术活动的表现进行评价。通过综合素质评价系统促进学生形成艺术爱好、提高艺术素养，全面提升学生感受美、表现美、鉴赏美、创造美的能力。

5. 寓教于乐，创立基地

学校建设特色项目有利于学生个性化发展，有利于学生特长的深度培养，是学校工作中出彩的表现。附中在美术学科设置的特色项目是版画，音乐学科设置的特色项目是电声乐队。

版画课是一门工艺性很强的校本课程，需要在专业教师的指导下开展，一幅版画作品的诞生需要使用到的工具多达数十种，因此必须有物质上的支撑，学校投入大量人力、物力，为这门课程的成功开设创造条件。厦大附中版画兴趣小组创立于2012年，先后在学校举办11次画展，现拥有版画教室一间，各类设施逐渐完备。在硬件方面，厦大附中配备版画常规课活动室，还配备大型版画印制机器一台，手工印制版画工具多套，小型版画印制机器2台，刻刀共100多套。同时，为确保各项版画活动有序、有效展开，学校还投入资金对每年版画课程消耗性器材设备给予及时补充，提供了足够的物质保障。为培养学生核心素养，学校坚持"版画艺术使教育更完美"的理念，在版画课程研发、学科融合、活动项目等方面加大建设和投入力度，创立中学美育基地。

随着音乐社不断发展，电声乐队自2012年成立起队员不断增多，几乎每周都进行排练，电声乐队积极参加各项大型活动，如厦大附中广场钢琴音乐会、学生会文艺晚会、十佳歌手大赛以及开发区相关演出，特别是近5年来的篝火晚会和九思广场音乐会成为电声乐队的主战场。2018年，省教育厅启动了百所中小学校园乐队培育建设计划，我校名列普及型乐团名单，这为我校乐队可持续发展奠定良好的基础。2020年和2022年，校乐队获得了漳州市第二、第三届中小学艺术节艺术表演类中学器乐组一等奖，并两次在福建省中小学生艺术节获得器乐组三等奖，为丰富我校文艺活动和推动校园文化建设做出了贡献。

为了培根铸魂，培养学生享受人生幸福的能力，附中致力于打造独具特色的美育平台，培养学生的审美情趣，实现人人心中都有对美的定义的目标；学校善于利用美育的引领和发掘功能，使学生能够通过系统科学的途径表达对美景、美物等的心之所向。附中的美育水平也在坚守中优化，在优化中传承，通过"追求崇高"的熏陶让美育与德育自然交汇，激发学生智力和创造力的不断提升。

三、以劳树德，培养勤劳乐观品格

（一）劳育树德，求细求实

自 2018 年《中共中央国务院关于全面加强新时代大中小学劳动教育的意见》印发以来，学校根据上级部署，制定了《厦门大学附属实验中学劳动教育实施方案》，积极开展劳动教育，引导学生尊重劳动、热爱劳动、勤于劳动、善于劳动，引导学生形成正确的劳动价值观。学校建制度、抓落实、严考核，精细谋划、统筹推进劳动教育。

1. 统筹推进。由学生发展指导中心牵头负责制定活动方案，确定劳动教育课程标准，提供业务指导，总务处负责各类劳动教育物资保障工作，年段督促、协助各班按要求开展好劳动教育课，班主任分配落实责任，具体指导学生进行劳动，评价学生劳动情况，并记入综合素质评价系统。

2. 注重落实。根据实施方案，学校统筹安排课内外劳动实践时间；结合学段特点和实际情况，规划好劳动教育内容；组织实施好劳动周活动，有序安排学生的集体劳动。立足校园清洁、环境美化开展日常生活劳动；围绕功能教室卫生开展服务性劳动；开辟劳动基地，开展除草、种植蔬菜花卉等生产劳动。

3. 加强考核。全面围绕劳动素养提升，从目标、内容、实施方式、评价等方面规划，建立包括劳动能力、劳动品质、劳动习惯等方面的考核体系。将劳动实践过程和结果纳入学生综合素质评价体系，建立公示、审核制度，确保真实可靠。把劳动素养评价结果作为评优、评先的重要参考依据。

4. 争先创优。学校扎实开展劳动教育，不断提升劳动基地标准化建设水平，创建特色劳动项目。2019年，"立足服务学校培育劳动技能"项目获评福建省首批中小学劳动教育实践特色项目。

（二）因地制宜，培养能力

1. 厚植劳动理念，提升劳动素养

2018年9月10日，习近平总书记在全国教育大会讲话中特别指出："要在学生中弘扬劳动精神，教育引导学生崇尚劳动、尊重劳动，懂得劳动最光荣、劳动最崇高、劳动最伟大、劳动最美丽的道理，长大后能够辛勤劳动、诚实劳动、创造性劳动。"

根据《中共中央国务院关于全面加强新时代大中小学劳动教育的意见》精神，学校加强劳动教育制度建设。制定《厦门大学附属实验中学劳动教育实施方案》，结合实际对劳动类型和评价体系做了制度化设计，深度融入学校日常卫生打扫等生活劳动、志愿服务等服务性劳动、植物种植等生产劳动，并成立劳动技术教育校本课程开发研究小组，开展劳动技术课程建设。组织创意社团，鼓励社团组织学生利用假期开展创意设计大赛，积极开展创造性劳动。

开展劳动教育，首先在思想观念上引导学生尊重劳动、热爱劳动、勤于劳动、善于劳动。在实践过程中注重引导学生形成正确的劳动价值观，充分挖掘劳动技术的育人价值，对学生进行劳动素养的培育。

结合综合素质评价考核学生的劳动素养。学校准确定位劳动教育目标导向，强化结果考核，全面围绕劳动素养，从目标、内容、实施方式、评价等多方面考核，并纳入学生综合素质考核体系，加强对学生劳动能力、劳动品质、劳动习惯的培养，引导学生尊重劳动者。学校劳动教育坚持实践性、技术性、基础性、适应性、开放性、安全性原则。

2. 加强保障，家校联动

学校积极申报并设立专项，为学生劳动教育提供可持续的经费保障，2020年得到福建省首批中小学劳动教育实践特色项目建设经费30000元。

学校对劳动专项经费统一管理，专款专用。

加快建设校内劳动教育场所。在校内开辟三处劳动基地，笃行楼前设置种植箱，供七年级进行生产劳动；六号宿舍楼后开辟劳动基地，供高一年级进行生产劳动；食堂楼顶开辟劳动基地，供高二年级进行生产劳动。采购劳动工具、劳动用品，补充学校劳动教育器材、耗材。在劳动基地设立宣传栏，定期做好劳动教育宣传。

多举措加强师资队伍建设。采取多种措施，建立专兼职相结合的劳动教育师资队伍。根据学校劳动教育需要，学校配备必要的专兼职教师，培养具有学科背景的兼职指导教师；充分调动社会力量，聘请家长、校外活动场所指导教师、专业技术人员等兼职劳动教育教师。把劳动教育纳入教师培训内容，开展全员培训，强化每位教师的劳动意识、劳动观念，提升实施劳动教育的自觉性。

多方面强化活动安全保障。学校加强对师生的劳动安全教育，强化劳动风险意识。认真排查、清除学生劳动实践中的各种隐患，强化对劳动过程每个岗位的管理，明确各方责任，防患于未然。

3. 挖掘价值，融入日常

学校把劳动素养纳入学生综合素质评价体系。全面客观记录学生课内外劳动过程和结果，开展劳动教育过程监测与评价，建立公示、审核制度。发挥评价的育人导向和反馈改进功能，将劳动素养评价结果作为衡量学生全面发展情况的重要内容，作为评优评先和毕业升学的重要参考依据。学校在发挥评价导向功能的同时，加大力度宣传，挖掘劳动教育对包括促进文化知识学习在内的意义和价值，澄清对劳动教育不科学的认知，激发热爱劳动的热情，促进学生由被动劳动到自觉劳动的转变。

开齐开足劳动教育课程，结合学段特点和学校实际，统筹安排课内外劳动实践时间。规划好劳动教育课程内容，组织实施好劳动周活动，有序组织学生参加日常生活劳动、生产劳动和服务性劳动。既要坚定方向又要循序渐进、及时反馈和总结经验，力求做到教育评价手段客观公正。

日常生活劳动安排：学生在宿舍要求做好宿舍卫生，及时清洗衣物、鞋袜，清扫地板，擦洗桌椅，清洁卫生器具。学生在班级要求按规定做好班级卫生，清扫地板，擦洗黑板，清洁窗户。八年级负责捡拾路边灌木丛中的烟头、废纸、饮料瓶、食品袋等垃圾，每两周组织一次，具体场所包括教学楼、实验楼周边各条道路边的灌木丛以及亦乐园、学校周边。

服务性劳动安排：高一年级负责实验室、艺术馆、图书馆等功能教室的卫生，要求每两周打扫一次。组成志愿者队伍在校门口、田径场、教室走廊维护秩序。组织到养老院服务、公共场所服务、外出参加义务劳动等志愿者服务。

生产劳动安排：七年级学生负责种植蔬菜花卉，高二年级学生负责清除杂草，要求每两周组织一次。组织学生在社会实践中参加生产劳动，如在社会实践基地参加插秧、收割等农业生产活动，或者在工厂参加实践活动。

新生入学开展劳动教育。根据学生会评比标准，对讲台、黑板、地面、窗户、桌椅等卫生做出具体要求，以班级为单位每周定期检查评比。各班级定期召开劳动教育主题班会，对班级卫生情况及时点评，强化劳动教育。

树立"劳动教育观"，多学科渗透劳动教育。思想政治、语文、历史、艺术等学科有重点地纳入关于劳动的选文选材，纳入阐释中华民族优良传统的内容，加强劳动教育。数学、地理、化学、体育等学科参与培养学生劳动的意识和精神。在学科中渗透劳动教育思想，学科教师树立劳动育人观念。学科教师具有渗透劳动教育的意识，可以促进劳动教育的有效实施。学科教师根据自身学科特点，有意识地将学科教学目标与劳动育人有机整合，在学科教学中渗透劳动价值观，发展学生的劳动技能，健全学生的劳动品格。

4. 身体力行，形成文化

学校将劳动习惯、劳动能力、劳动品质的养成教育融入校园文化建设之中。结合重大纪念日开展劳动主题教育活动，营造劳动最光荣的校园文化。将班级劳动管理和宿舍劳动管理作为学校劳动教育重要组成部分，高中生住宿是锻炼学生自主、自立、自理的好平台。班主任和宿管老师指导、督促学生进行宿舍劳动，并从卫生、内务、纪律等方面进行评分和评比。开展"星级班级""星级宿舍"评比活动,激励全校师生紧抓常规、遵守纪律、严于律己、争创优秀,积极践行"自强不息、止于至善"的校训,为建设文明校园、和美校园奠定良好的基础。

培养学生热爱自然、热爱劳动的意识是学校劳动教育的一项重要内容。为了让学生能够亲身体验大自然,了解不同植物的种植过程和生长变化过程,感受春播秋收的季节特点,丰富学生生活经验,提高劳动实践能力,体验劳动的快乐,学校开辟了三处劳动基地。劳动基地采用班级负责制,遵循自主选择和自种自收的原则。在班主任的带领和引导下,同学们根据季节变化和班级喜好自主选择种植相应的瓜果蔬菜和花草,并且利用课余时间培土、播种、浇水、施肥、除虫和采摘。通过生产劳动,引导同学们了解各种作物在不同季节的生长情况,掌握种植农作物的技能,增进对大自然的了解,懂得盘中餐粒粒皆辛苦的道理,体悟"一分耕耘,一分收获"的真理。

学校将劳动最光荣的观念融入教育教学各方面,教育引导全校师生养成热爱劳动的习惯,树立"幸福都是奋斗出来的"的价值观,开展系列"劳动创造幸福"主题教育实践活动。各班级根据实际情况开展"劳动创造幸福"的劳动技能实践活动,包括同学们主动为父母做一次饭、刷一次碗、洗一次衣服、叠一次被子、打扫或拖洗一次地板,分担力所能及的家务劳动,体会父母日常家务劳动的辛苦,养成日常劳动的好习惯。在条件许可的情况下,主动到父母工作的行业去体会父母平时劳动的艰辛,如可以到果园、菜园帮父母除草、施肥,帮父母到市场售卖商品,在父母的店里帮忙端盆碗、洗菜、招呼客人等,到工地帮父母干力所能及的体力活……班主任通过各种形式的劳动让学生明白劳动的意义,培养学生良好的劳动意识,真正明白劳动创造幸福生活的内涵。

学校劳动教育课平均每周不少于 1 课时,用于技能指导、练习实践、总结交流等,与通用技术和地方课程、校本课程等有关内容进行必要统筹。学校开发了刺绣、钩针、剪纸、3D 打印建模及简易喷涂加工、木刻版画、生活中的小妙招等劳动教育校本课程。学生用稚嫩生涩的双手操作各种工具,从陌生到熟练,亲手制作出令自己满意的作品,有些作品还不乏创意和美观效果。学校依托高校平台资源，将通用技术实践课移至厦门大学嘉庚学院实验室。在技术实践活动中，学生通过现场听讲、工艺实践、作品制作、技术试验、方案物化及优化，增强了对技术思想和方法的学习运用，发展了工程思维和创造能力；强化了手脑并用与知行合一，增强了对技术文化的理解，形成了良好的技术理性和个性品质；培养了严谨细致、精益求精、追求卓越的工作态度，培育了工匠精神，增强了劳动观念，教学实践达到良好的效果。

学校组建了"厦大附中青年志愿者服务队"，以"奉献爱心、服务他人、完善自我"为服务宗旨进行活动。志愿服务队依托有效的思想教育机制和组织培训机制，带领广大志愿者积极投身志愿服务行动，在服务社会的同时接受教育、增长才干。志愿服务包括校风校纪督导、图书馆维护、生活园区整理、街道社区服务，先后设立校风校纪监督岗、图书管理岗、橱窗报刊宣传岗、食堂秩序维护岗、陶艺教室管理岗等为师生服务的岗位。志愿者利用课余时间定时定点到岗提供服务性劳动。

学校重视开展校外劳动实践。组织学生前往东南花都、蜜源农场、漳州科技学院进行社会实践，开展探秘现代农业、采茶制茶、烹饪、手工等丰富多彩的研学活动。学生融入社会生活、体悟社会生活，不仅收获了劳动果实，还提升了动手能力和团结协作的能力。

学校在扎实推进劳动教育中积极创建并成功申报特色项目。根据《福建省教育厅办公室关于遴选建设首批中小学劳动教育实践特色项目的通知》，学校全面贯彻党的教育方针，落实立德树人根本任务，把劳动教育贯穿家庭、学校、社会各方面，促进学生正确认识和理解劳动创造人、创造财富、创造世界、创造美好生活的思想，养成尊重劳动的情感，具备满足生存发展需要的基本劳动能力，形成热爱劳动的良好习惯。

以劳树德，以劳增智，以劳强体，以劳育美，以劳创新。附中通过让学生直接参与劳动过程、体验劳动感受、掌握劳动技能的方式让学生养成良好的劳动习惯，从而提高动手能力，培养自我教育、自我管理、自我服务的能力，提升学生综合素质，促进学生德智体美劳全面发展。

体育美育健精气，勤耕劳作塑品格。附中在体育、美育、劳育教育过程中，将理性的塑造与感性的移情相结合，以"自觉"带"自知"，探索出一条具有附中特色的五育并举、个性化提升综合素质的高质量内涵式发展的道路，为附中在"后创建时代"进一步提升服务能力、服务水平和文化竞争力，形成鲜明的校园文化氛围，建设一所有品位、有诗意的校园提供了强有力的支撑。

第五章

勇担任务谋发展　辐射引领促成长

一、勇担任务，开拓思路谋划发展

（一）教学改革——育人为本，聚焦课堂

厦大附中致力于全面深化课程改革，强调课程"适合学生学习"的公共性、服务性和可选择性，整体构建符合教育规律、体现时代特征的课程体系，建立健全综合协调、充满活力的课程平台，落实立德树人根本任务。在高中阶段，变革教学组织形式，充分尊重学生选择，实现更多科目的分层教学和走班制。

课程方面，开齐开足开好各类课程，形成规范有序的学校课程体系。将综合实践活动、技术、音乐、美术、体育与健康等课程开设情况作为学校课程建设的重要内容。课程体系的基础性、综合性、选择性和实践性显著增强，学生的学习质量有显著提升。与此同时，整合教师资源，提供门类多样的选修课程，形成若干门融合学校文化、改革成果和个性特色的优质校本课程。创新教育理念，制作学校艺术教学大纲，完善学校足球工作方案，推动学校体育和美育的改革与发展，艺术、体育选修课程特色更加鲜明。最大限度地提高学生参加体育锻炼、运动训练和艺术活动的兴趣，有效地提高学生的运动技能、艺术技能水平。通过开设丰富优质的艺术课程，力争使每一名学生经过三年的艺术熏染，能初步具备艺术感知、艺术欣赏的能力，并能较熟练地掌握一项艺术特长。

完善综合实践活动课程管理制度。完善社会实践与社区服务活动基地建设，活动过程规范，学生全面参与。每学年举办一次研究性学习成果展

示活动，综合实践活动课程实施再上新台阶。

为保障改革的有序推进，厦大附中成立课程改革领导小组，编制课程改革计划，对课程改革的指导思想、目标体系和各项工作进行总体布局。对新高考改革进行总体部署，对课程改革的生长点和突破口进行策划和设计、选择和评估，对选课制、走班制的课程管理体制进行科学设计，积极开展分层教学、分组学习，实行个性化、个别化课表。

新时代的改革离不开信息化平台，厦大附中将课程资源建设与学校教育信息化建设相融合，制订学校信息化发展规划，建设高水平校园网基础设施公共平台。立足师生员工信息化应用的实际需求，用信息技术对学校的教学、科研、管理和服务等各项工作进行现代化改造，构建资源数字化、应用集成化、传播智能化的信息环境。建设可共享的优质校本教育资源库，实现教学教研、管理服务的高度数字化、智能化，全面提升师生的信息素养和应用水平。

课堂方面，打破以教师和学科知识为中心的传统教学模式，关注由"互联网＋"的教育技术和教学方式带来的教育变革，探索参与式教学、探究式学习、翻转课堂、微课等新的教学模式和学习方式。注重创建和谐的课堂教学氛围，引导学生自主探究、独立思考、合作交流和实践操作，培养学生个性特长，充分发挥学生的主体性、能动性和创造性，形成民主、平等、和谐、互动的师生关系和教学环境。关注学生的现实快乐和师生的精神面貌，提高师生的课堂幸福度。推进信息技术与学科教学的深度融合，变革知识呈现方式、教学评价方式，不断创新课堂教学模式。

以学年为周期开展与优化课堂教学相关的主题活动。教研组结合学科特点开展课堂教学中教学模式的研究和运用，形成各具风格和特色的课堂教学改革经验和探究成果，全面提高课堂教学质量。建立随堂调研评价机制，根据课堂教学改革的不同理论、不同学科特点和教师的不同发展阶段，确立多元质量标准和评价指标。引导教师在优化课程内容、改进教学设计、革新课堂文化、改良方法技术的过程中不断提高课堂效率，提升自身的专业素养。

扎实开展"六年制"课题研究工作。优化六年制教学班的课程设置与管理机制。确保六年制教学班培养更多素质全面的拔尖学生,总结成功模式,产生社会影响。以六年制生源为依托,培养一支年富力强的学科竞赛教练队伍,创新训练体制,打造外语和理科的学科优势,在质与量上争创学科竞赛优异成绩。

厦大附中秉持自己的办学理念,坚持培养创新人才、以生为本的全人教育以及教育国际化的办学特色,使学校规范而有特色,学生合格而有特长。体现素质教育、科学发展、勇于追梦的时代特征,努力为学生的终身发展和幸福生活奠定基础,形成学生有特长、教师有专长、学科有特点、竞赛有亮点、学校有特色的良好局面。

(二)教育科研——以研促教,虚实并重

厦大附中教育科研围绕促进教师发展、关注学生成长、聚焦课堂教学三个方面进行。以优化课堂教学为切入点,以校本教研为主阵地,落实以教研促教师发展、以教研促课堂质量提升的战略,形成比较完善的教育研发组织体系和制度框架,逐步形成以研究为基础,推进各项工作的良好局面,研发工作的水平有明显提升。部分成果和经验具有一定的原创性、引领性、可操作性。使教科研成果转化为学校改革与实践的具体行为,提高教师科研素质、理论素养和研究能力,促进教师由"经验型"向"学者型"转变,形成以名师为核心的教师集体。

完善教研保障和激励机制。附中建立教研层级管理与督导制度、教研教改成果推广与评奖制度,保障教研工作顺利有效地开展;开展特色研究,开发并完善创新教案;建立符合学校发展需要的课题体系,每学年组织骨干教师围绕本校教育教学实践中的重大问题开展研究。力争每年申报2项省级以上课题或参与实验项目研究,独立承担市级课题2~3项。校内课题形式多样,内容灵活,深入具体。课题研究有计划、有措施、有阶段报告和总结报告,档案管理规范,并取得预期的研究成果。基于学生的需求,建立个性化的多元校本课程体系,力争遴选出高质量的校本课程100门。中、高级教师每人须在公开发行的报刊上发表专业文章1篇以上,初级教师积极参与学校、开发区教育局论文汇编投稿。学校编制教师著作编印和出版计划,每年编印论文集不少于2本,出版正式出版物不少于1

本。对教师出版专著予以一定的经费支持，对特别有价值的专著出版给予全力支持。

坚持不懈地推进现代学校制度建设。将现代学校制度的核心思想运用于学校内部管理实践，努力做到"依法办学、自主管理、民主监督、社会参与"，最终使厦门大学附属实验中学成为一所具有独立精神、自主发展的现代化学校。制度建设充分尊重人的发展，关注人的精神需求，尊重师生的合法权益。加强自主管理，形成能有效服务于一流学校建设和发展的治理结构。在干部选拔任用、专业职务晋升、薪酬待遇分配、评先评优等考核工作中，重能力，重实绩，走群众路线，让民主精神贯穿学校管理和教学的每一个角落。做好校级干部年度述职、测评制度，实行中层干部不定期考核制度。切实发挥校务委员会、教代会、学代会、家委会等组织的作用，调动一切积极因素办好学校。

持之以恒地做好校园文化建设。制定《厦门大学附属实验中学校园文化建设纲要》。加大硬件投入力度，提供更多的文化平台。将传统文化融入现代空间，强调人与自然的和谐，用传统文化精髓塑造现代人格。办好各类学生社团，高质量地开展"校园文化月"活动。确定校庆纪念日，创作校歌，让校训、校风、教风、学风深入人心。师生共建校园文化，师生共享校园文化，在文化活动中建立新型的师生关系。提倡"校园文化建设的核心是人""我即文化"等理念，形成特有的"附中精神"。发挥文化育人的作用，情理交融、刚柔相济、虚实并重，尽可能用文化解决方式替代制度解决方式，化管理于无形。

（三）评价改革——与时俱进，以生为本

建立普通高中学生发展指导制度。指导学生学会选择课程，开展学业成绩分析，让学生认识自我，根据新高考要求合理选科，做好生涯规划。重视提高教师发现学生特长和潜力、指导学生选科和规划学习生涯的能力。

根据《福建省普通高中学生综合素质评价实施办法》，确定包含思想品德、学业水平、身心健康、艺术素养、社会实践、劳动素养六个方面的评价内容。

（1）思想品德。主要考查学生的政治素质、道德品质、法治意识和行为习惯养成情况。重点记录学生参加理想信念、社会主义核心价值观、中华优秀传统文化、生态文明等专题教育情况，参加党团社团、主题班会等情况，遵守《中小学生守则》情况，反映学生遵纪守法、诚实守信、文明友善、团结互助以及责任担当等现实表现。客观记录学生品德日常表现和关键表现，学生违规违纪情况记入学生综合素质评价个人档案。

（2）学业水平。主要考查学生各门课程基础知识和基本技能掌握情况，以及综合运用知识分析解决问题等能力。重点记录学生学业水平考试、必修课程、选择性必修课程成绩和选修课程（校本课程）修习情况，各学科必备知识、关键能力发展情况，特别是核心素养培养、优势学科学习、学业专业规划、实验实践操作能力发展等情况。

（3）身心健康。主要考查学生的健康卫生意识、健康生活方式、体育锻炼习惯、身体机能、运动技能、心理素质、安全素养等。重点记录学生《国家学生体质健康标准》测试主要结果，体育与健康课程知识掌握情况，1~3项体育运动技能发展水平，体育运动效果与比赛成绩，每天1小时自觉参加体育锻炼情况，自我认知与发展规划情况，安全知识技能和安全行为习惯等。

（4）艺术素养。主要考查学生对艺术的审美感受、理解、鉴赏和表现的能力。重点记录学生《中小学生艺术素质测评指标体系》测试主要结果，在音乐、美术、舞蹈、戏剧、戏曲、影视、书法等方面表现出来的兴趣爱好与特长，参加艺术活动的经历与成果等。

（5）社会实践。主要考查学生的社会责任感、创新精神和实践能力情况。重点记录学生参加中华优秀传统文化、革命传统、文化艺术、环境保护以及法治、科普、国防、安全、健康等各类主题实践情况，参加自然类、地理类、科技类、人文类、体验类等研学实践教育活动情况，每学年学生参加社会实践和研学实践教育活动的次数、天数。

（6）劳动素养。主要考查学生的劳动观念、劳动能力、劳动精神、劳动习惯和品质等情况。重点记录学生树立劳动最光荣的观念，主动参加日常生活劳动、生产劳动、服务性劳动情况，按学时学分统计完成情况，注重课内外劳动过程和结果，真实反映学生个人生活事务处理、主动服务他人和社会、生产工具使用、相关劳动技术掌握以及勤俭、奋斗、创新、奉献的劳动精神养成情况。

（四）开放办学——交流互助，服务先行

作为示范性普通高中建设学校，我校坚持开展各种级别的教学开放活动，积极进行教学成果的应用与宣传推广，提供教育教学改革实验样本，推动省内外教育教学展示和交流，同时构建网络直播平台，和国内各兄弟学校师生一起进行课程教学和教研活动，互相学习，互相借鉴，共同进步。

2012年12月13—14日，我校首次举办市级教学开放周活动。来自市普教室、兄弟学校的领导、同仁200余人走进附中课堂，一起观摩交流，并给予了指导与建议。此后，我校每学年都举办市级教学开放活动，独立承办或联合兄弟学校开展教学教研改革实验。如2019年11月21—22日，我校举办2019—2020学年市级教学开放活动，我校和莆田三中、海滨学校初中部共14名教师以"信息技术与课堂教学深度融合"为主题进行同课异构教学，我校高中部10个学科20名教师通过课堂教学，展示我校在新高考改革实施选科走班教学中对分层教学的实践与探索；2020年10月28日、30日，我校举办2020—2021学年上学期市级教学开放活动，其中我校高中部20位教师开展"基于学科核心素养发展的新教材同课异构"展示课，初中部8位教师开展"关注信息技术与课堂教学深度融合"展示课；2021年12月15—16日，由我校主办、龙海一中联办的主题为"注重学习过程评价，构建全面育人课"的市级教学开放活动分别在两校举行，本次教学开放活动我校会场设有高中新教材同课异构、学科专题讲座、课堂教学研讨、办学成果展示等内容。

2017年12月22—23日，由省教育厅主办、漳州市教育局承办的2017年第二场普通高中省级教学开放活动在我校举行，这是我校首次举办省级教学开放活动。来自省内外600余位教育界同仁，围绕"新高考背景下高中学科核心素养"进行了广泛而深入的交流研究。《人民教育》副总编辑赖配根先生，《中国教育报》首席编辑、理论评论部主编张树伟先生，华

东师范大学出版社编辑、《教师月刊》首席编辑朱永通先生，应邀参加活动。福建省教育厅基教处刘永席老师、漳州市教育局巴桑次仁副局长、漳州市教育局中教科杨国和科长等莅临现场指导。本次活动得到了省、市、开发区和兄弟地市教育主管部门和教研部门的大力支持。此后，我校多次承办省级教学教研活动，为推动教育教学优质创新发展、多样特色发展，起到示范辐射作用。

2019年1月18—19日，福建省示范性高中培育建设及2019届全省高中毕业班教学工作培训班在我校隆重开班。此次培训班是继2018年召开的全省高中毕业班教育工作会、高考综合改革与福建教育新征程论坛等一系列培训后的又一次高规格培训班，目的在于充分认识新时代教育改革发展的新目标、新任务，切实推进教育内涵建设、切实提高高中毕业班教学质量。主要任务是：正式启动省级示范性高中培育建设重点任务，研究部署2019年滚动实施高中新课程工作，进一步对接2019年全国高考统一卷。参加培训班的有省教育厅、我省各设市区教育局、省级扶贫开发工作重点县、漳州招商局经济技术开发区相关领导，以及省级高中九学科教学指导委员会专家代表、44所省级示范性高中建设学校校长等130多人。18日下午，举行培训班开班仪式，漳州市兰万安副市长首先致辞，介绍了漳州市的教育发展情况及高中毕业班相关工作。漳州开发区刘永祥副主任致辞，并介绍了漳州开发区的教育发展情况。在接下来的议程中，我校姚跃林校长作了"用文化力量推动学校健康发展"的专题报告，从学校发展、办学理念、高中毕业班工作几个方面介绍了厦大附中的探索和思考。省普教室郑云清主任作了"高考的新定位新要求与近三年高考情况分析"的专题报告，分析反馈我省高考情况、提出下阶段教学备考建议。19日上午，省电教馆滑文革副馆长作了"高中学生综合素质评价常态化实施建设与省级管理系统应用要求"的专题报告，结合高中学生综合素质评价制度的实施，对省级管理系统使用提出要求。省教育厅基础教育处陈祥祯处长讲话，对2019年推进普通高中质量提升提出了相关要求。最后，省教育厅李迅副厅长就如何办好基础教育作重要讲话，围绕"五育并举"，阐述了办好普通高中的意义、理念、做法和要求。培训班时间紧凑、内容充实，提出了新理念新要求，为我省加快新时代教育改革发展部署，办好普通高中，推动我省基础教育高质量、高水平发展再添动力。

2022年9月27日，福建省第五场省级教育教学开放活动在我校举行，活动主题是"融合高校资源 创新教学方式"。根据上级疫情防控要求，此次开放活动采用线上线下相结合的方式组织观摩，来自南靖二中、港尾中学、海滨学校等兄弟学校的50余位教师现场观摩，线上直播点击量超过50万次。此次活动中，除我校教师外，还有来自厦门大学嘉庚学院、云南省永仁县第一中学、福建省南安市国光中学和漳州市第五中学的教师开课，来自厦门大学、福建教育学院、闽南师范大学、漳州市教科院、福建省名师工作室的专家担任点评工作，厦门大学朱冬亮教授主讲了题为"新时代中学思政教育的落实与创新"的专题讲座。各位专家对开课教师先进的教学理念和独特的教学方法给予了高度评价，并为厦大附中学生良好的精神风貌点赞。

我校秉持开门办学的理念，自建校伊始，就欢迎各方各界人士来校参观交流，互相学习，碰撞思想。据不完全统计，近年来到我校参观交流的省内外兄弟学校有近两百所，另外还有清华大学、北京大学、复旦大学、上海交通大学、浙江大学、南京大学、中国科学技术大学、中国科学院大学、西安交通大学、哈尔滨工业大学、中国人民大学、厦门大学、同济大学、电子科技大学、西北工业大学、东南大学等国内一流高校经常到我校开设讲座、宣讲招生政策。我校虽然位于东南沿海的一隅之地，但是我校和国内一流中学、一流高校的交流通道是畅通的，在教育教学理念上时刻与前沿思想接轨，与时俱进，不断创新。

弘扬嘉庚精神，挖掘百年底蕴，我校始终与厦门大学同向同行，与厦大漳州校区融为一体，共享教育资源和后勤服务保障，文化和学术氛围浓厚。凭借高校资源与国际化视野，我校让学生在中学阶段接受高品质的教育。自2009年起，创设厦大附中"大师讲堂"系列活动，邀请厦门大学的院士、博导到校为学生开设科普讲座。组织部分学生赴厦门大学马来西亚分校开展研学活动，与马来西亚有关中学洽谈以语言和文化学习为主要内容的学生交换项目。依托高校平台资源，组织学生到嘉庚学院观看戴民汉院士的线上直播报告会,将通用技术实践课移至厦门大学嘉庚学院实验室,由大学教授给中学生上实践课。我校与厦门大学嘉庚学院、厦门自动化学会共建创客教育,成立"厦大嘉庚学院普瑞特创新实验室——厦门大学附属实验中学共建实践教育基地"。

同时,我校也为大学生提供教学课程和训练场地。我校面向厦大漳州校区学生开设版画课程,让大学生到中学课堂学习;开放恒温游泳馆,为厦大嘉庚学院游泳队提供训练场所。中学生走进大学校园,大学生来到中学教室,这在我校已经成为一道经常见到的风景。

以国际化视野搭建现代化教学平台,以多元文化打造有温度、有诗意的幸福校园,厦大附中被学子们誉为"像大学的中学"。

"教育无非服务"是我们的教育哲学观,是我们的核心教育理念。姚跃林校长曾在《办一所学生喜欢的学校》一文中说:"学校因学生而存在,有学生学校就有价值。没有'优质生源',也许难有好的升学成绩,但完全可以建成好学校,关键在教师。我们确立了'培育一流的教育服务品质,用合适的教育办学生喜欢的学校'的办学思路,将师资作为'服务品质'的核心,视'一流教育服务品质'为最高质量。真心服务学生成长,办学生喜欢的学校。这既是我们的理想,也是切合实际的发展路径。""真心服务学生成长,办学生喜欢的学校"始终是厦大附中的立校之本。

为了贯彻服务理念,我校每年举办校园开放日活动,欢迎学生和家长到校参观,并接受现场咨询。在每年中考、高考后,我校都会让家长陪同学生到校参加志愿填报指导咨询活动,家校携手助力学生。在不放月假的周末,组织安排高中部学生家长入校,与学生在学校食堂聚餐,在校园里散步话家常。每年寒暑假,学校都会举办校友返校日活动,"一声附中人,一生附中情",校友们行走在昔日的校道上,参观艺术馆、图书馆、体育馆、陶艺教室、琴房、书法教室等场所,初次踏入新落成的文学馆、校友中心、体育馆,于窗前品读文集,于沙发间洽谈,欣赏母校的新面貌的同时,用相机记录下母校的美好瞬间,与昔日的同学老师相聚畅谈,找寻共同的校园记忆,述说母校之外的新生活与新憧憬。

二、帮扶辐射，资源共享携手前行

为落实中共福建省委"深化教育综合改革"中"老校带新校，强校扶弱校"的有关要求，为充分发挥厦门大学附属实验中学作为省首批示范性普通高中建设学校的示范带动作用，厦大附中开展了一系列教育教学帮扶活动。从建校伊始，厦大附中就致力于探索与学校实际情况相符的特色发展道路，同时也在积极承担其作为省级示范校的社会责任，以帮扶、带动需要帮助的兄弟学校为己任，形成了"管理层互通有无，教师经验共享，学生互相交流"的帮扶模式，并且不断将这一帮扶模式做细做强。

截至目前，我校帮扶的学校有10所，在帮扶的过程中，我们将自身的教育理念、教育经验分享给更多的同行，看到兄弟学校收获满满、迅速成长，我们在感到欣喜之余，也收获了更多教育思想的启迪。我们深刻地感受到，这是一个双赢的过程。

我们将以时间为主线来展示教育帮扶这一路走来的风景。

（一）新硎初试——帮扶漳州五中，形成紧密办学关系

1. 帮扶目标

为发挥我校省首批示范性高中建设学校的辐射作用，帮助漳州五中快速优质发展，2018年6月漳州市教育局批准我校与漳州五中结为帮扶合作学校。两校帮扶合作办学，目的是让厦大附中在市区建立传承良好办学成效的基地学校，带动漳州五中快速发展，进一步促进漳州市区初中学校优质均衡发展。

2. 帮扶措施

建立管理干部和教师双向交流机制。这一机制主要依靠校级领导、中层干部的互相挂职交流，教师的跟班学习以及协作交流来实现。

加强教学和教研合作管理。这一合作通过统一学科教研活动时间，初中部期中统一考试，联合举行教学开放周活动，共享公共教学资源，共享教育教学成果，联合举办教学研讨与教学经验交流会，联合开展教学优质课观摩活动以及"同课异构"教学观摩活动等方式进行。

2021年秋季起，漳州五中在初中部七年级建立"厦大附中强基预备班"，由双方合作进行培养。厦大附中选派一名具有六年制管理经验的教师或奥赛金牌教练担任名誉班主任，协助指导学生个性化发展，并选派部分教师定期参与教学。强基班与我校同年级统一教研活动时间，统一进度，每学期定期开展联合教研组或备课组活动，统一期中考试，统一质量分析。实现场地、教案、课件、设备等教学资源共享。定期组织学生到厦大附中参加各种科技活动，厦大附中负责规划、开展学科兴趣小组等第二课堂活动，并纳入学科竞赛早期选拔和培养计划。

加大招生政策支持力度。为促进漳州市区初中学校优质均衡发展，从2019年起，厦大附中每年定向招收漳州五中初中毕业保送生15人，但保送生应参加当年中考，其中考成绩不得低于厦大附中招收漳州开发区初中毕业生的最低录取分数线，否则，将取消保送生录取资格。漳州五中教师子女可对口就读厦大附中初中部。

在与漳州五中结对帮扶的四年时间里，我校通过校际教学研讨、经验交流、同课异构、师生互动、学生参观体验等方式，实现了与漳州五中的交流合作、资源融合、互助共赢。

3. 帮扶纪要

在实际帮扶过程中，我校本着脚踏实地、实事求是的精神，一一将以上帮扶设想落到实处。具体做法如下：

（1）教研互助。为落实帮扶协议，做好共建工作，发挥我校省示范性高中建设学校的辐射作用，2021年5月25日，我校11位教师在姚跃林校长带领下赴漳州五中，以两校联合教研的形式参与漳州五中市级教学开放活动。本次联合教研活动内容丰富，参与面广，既有两校教师同课异构、学科研讨、专题讲座，又有师生面对面座谈、学校管理交流、合作办学探讨。2021年6月30日，我校组织初中骨干教师赴漳州五中开展帮扶合作教学交流活动。活动分为三个议程：一是校园文化建设交流，二是面向学生的中考复习迎考专题讲座，三是学科教师对口座谈会。

此后，我校还参加了漳州五中的两次市级教学开放活动。2021年10月25日，我校青年骨干教师在江振武副校长带领下参加了漳州五中的教学开放周交流研讨活动。主要内容有听课评课、初中阶段资优生培养研讨、主题讲座等。为了让两校教育教学资源深度共享，实现精准帮扶，经两校协商，我校七年级语数英三位优秀青年教师成玥、李艺珍、周丽华与漳州五中七年级语数英三位优秀教师结成教研共同体，在学生个性化培养、命题研究、教学实施等方面开展密切合作。2022年7月4日，我校教师成玥、李艺珍、俞佳三位教师来到东南花都为即将升入八年级的部分优秀学子开展学科拓展讲座。2022年11月22日，我校政治组娄艳丽老师、语文组黄美华老师与漳州五中教师开展了同课异构教学活动。

（2）学生交流。帮扶期间，漳州五中两次组织学生到我校体验校园生活，2020年1月4日初三师生51人，2022年1月18日七年级、九年级100余人。我校高一学生为五中学生介绍了学校的基本情况和丰富多彩的校园文化活动。成玥老师开设了题为"'虚度时光'的正确打开方式——在厦大附中悦读与写作"的讲座。在学生的交流活动中，我校的教育服务理念、优美的校园环境、丰富的校园文化活动给五中师生留下了良好的印象，促进了两校的交流融合。

（二）再接再厉——帮扶海滨学校、港尾中学，发挥区域带动优势

1. 帮扶目标

为整合区内教育资源，推动开发区教育事业发展，发挥专家引领和优质教育资源辐射带动作用，进一步打造开发区教育品牌，漳州开发区管委会出台《漳州招商局经济技术开发区管理委员会关于成立厦大附中教育集团的通知》（漳招管字〔2017〕87号），决定成立厦大附中教育集团，对开发区公办学校实行学校联盟式的集团化管理，厦大附中教育集团分阶段建设，先行建设中学组，开发区内的两所中学厦大附中、海滨学校自然成为兄弟关系，以发挥厦大附中的区域品牌优势。

为贯彻落实福建省教育厅有关文件精神，充分发挥厦大附中省级示范高中建设学校的示范、辐射作用，提高学校的教育水平和教学质量，我校于2018年5月18日与港尾中学签订了"中学结对"的帮扶协议。港尾中学与我校地缘相近，早期就有着互通有无的合作关系，这次帮扶会更好地发挥我校的区域优势，带动龙海市教育的均衡发展。

2. 帮扶措施

双方加强校风教风学风、校园文化建设，推动"一校一品牌，一校多特色"创建工作，开展德育特色建设、心理健康教育、安全教育等方面的学习交流活动。

双方共同搭建互动交流平台，拓展校本研训渠道，加强课程改革和教育教学研究，更新教育观念，改革教学方法，不断提高校本研训水平和教育教学质量。通过提供高考备考指导，提供高考资料、高考信息等方式，促进港尾中学、海滨学校的高考质量进一步提升。

双方共同制订教师队伍发展规划和培训计划，开展师德师风教育与建设，提高教师业务能力和教育教学水平。通过集体备课、随班听课、送课上门、专题讲座等形式对港尾中学、海滨学校进行业务指导，促进教师专业成长。

3. 帮扶纪要

港尾中学、海滨学校与我校地理距离较近，便于教学交流的常态化开展。因此，很多年轻教师都参与了这两所学校的教学交流活动。具体情况如下：

（1）同课异构。2015年11月中旬，我校与港尾中学开启了为期一周的同课异构活动，七年级同课异构有政治、历史、数学、英语四个学科在港尾中学举行，八年级同课异构有地理、语文、生物、物理四个学科在我校举行，两校的老师在同课异构活动中，增进了解，共同探讨了教育教学相关问题，实现了共同进步。2021年10月18—22日、2022年10月24—28日，我校与海滨学校举行了两期青年教师同课异构教学教研活动，活动分为厦大附中和海滨学校两个专场，涉及初中、高中三个年级所有学科。课后，各学科组织了评课议课交流，老教师中肯点评、诊断课堂教学，帮助青年教师树立信心、提升教学技能。校际同课异构活动，不但为青年教师搭建锻炼自我的舞台，也为促进校际交流合作、实现教育资源共享提供了渠道，促进青年教师快速成长，充分发挥厦大附中教育资源示范辐射作用。

（2）交流研讨。2021年10月22日、2022年5月26日，我校与港尾中学进行了两次教学交流研讨，活动形式多样，有同课异构、专题讲座、交流研讨等，有八位教师与港尾中学教师一起开展了同课异构活动，有四位教师给港尾中学相应教研组作了专题讲座，内容主要是中高考复习策略，让毕业班教师受益良多。2022年9月21日，海滨学校鞠长生校长、张英奎校长助理一行35人莅临我校开展教学交流。海滨学校教师走进初中课堂听课，课后分学科开展教学座谈，就教学过程中存在的问题及下一阶段的教学策略进行了深入交流。

我校与港尾中学、海滨学校的校际教研，促进了周边区域内强弱学校的深度教学交流，推动了周边中学教育互帮互助优质发展（海滨学校于2022年底晋升为三级达标高中），也让我校年轻教师得到锻炼成长。

（三）惟实励新——深化跨市校际交流

继帮扶漳州五中、港尾中学后，我校进一步将步子迈大，进行跨市交流，与莆田三中建立了帮扶关系。

1. 帮扶目标

根据《福建省教育厅关于公布福建省首批示范性普通高中建设学校名单的通知》（闽教基〔2018〕101号）精神，为进一步发挥省级示范性高中建设学校的辐射带动作用，加强跨区校际合作交流，增进学校间的友谊，促进学校共同发展，共享教育资源，实现共同提升，根据学校的实际情况，经厦大附中、莆田三中两校协商，结成教育教学帮扶关系。

2. 帮扶内容

（1）队伍建设。厦大附中在教师培训方面予莆田三中以指导，定期选派省市学科带头人、骨干教师、优秀教师传授教育、教学和管理经验。莆田三中加大中层干部培养和使用的力度，定期选派中层以上行政、骨干教师到我校挂职学习，引领本校行政、骨干教师提升教育教学能力。两校教师根据需求签订师徒结对协议，实行"一对一"联系沟通，定期开展跟岗学习活动。

（2）课程建设。厦大附中以学科课程内容建设为核心，有目的、有计划、有目标、分阶段、分层次地协助莆田三中开发校本课程，构建具有特色的课程体系，提高该校的教学水平和教学质量。

（3）资源共享。厦大附中为莆田三中在学校规范化、标准化建设和管理方面提供指导，协助其在现有的基础上进行适时开发，并利用现代教育技术实现优质教育资源的共享。附中组织的大型教学科研活动与学生活动都知会莆田三中派员参加，以增加交流的深度。

3. 帮扶纪要

（1）结对共建。2019年3月27日，莆田三中校长丁彬彬带领学校中层干部、教研组长到我校开展结对共建启动仪式，双方校领导签订了结对共建协议书。我校中层干部、教研组长就学校管理、新高考的教学模式、课时进度安排、课堂教学落实等问题，与莆田三中教师进行了交流与探讨。莆田三中的领导、老师还参加了我校组织的"厦大附中第四届青年教师成长论坛"活动。2019年5月21日，我校教师一行11人到莆田三中参观回访，双方校领导交流了今后两校合作共建的具体措施，希望通过三年共建交流，可以增进彼此间的友谊，促进学校共同发展，共享教育资源，实现共同提升。

（2）教育教学交流。2020年10月28日，莆田三中丁彬彬校长带领学校中层干部一行12人莅临我校，参加教学开放活动。姚跃林校长与丁彬彬校长分别介绍了双方学校近年的发展情况，并探讨了创建高中课改基地校的问题。两校各处室负责人还开展了深入交流。2020年12月11日，莆田三中俞为民副校长一行10余人到我校参观交流，来访老师们深入高一课堂认真听课。两校还针对班级管理、新教材教学、课程改革等方面进行了深入交流和探讨，相互借鉴成功经验及做法，取长补短，共同提高。2021年4月16日，莆田三中分管德育的韩副校长及德育处主任等一行8人专程到我校开展交流活动。两校深入交流了学校德育队伍建设、校风班风建设、学生发展指导、社团建设等方面情况。

（四）立己达人——承担乡村振兴使命

1. 帮扶目标

为发扬百年招商局承担社会责任的优良传统，发挥学校教育资源优势，落实乡村振兴定点帮扶工作，在招商局慈善基金会的支持下，厦大附中与云南楚雄永仁一中，贵州毕节招商局威宁育才中学、威宁育才高中，江西吉安井冈山大学附属中学四所学校开展教育帮扶工作，项目周期为三年（2022—2025 年）。

2. 帮扶内容

帮扶项目分为四大板块：教学管理层交流与培训、教师交流与培训、学生交流、教学资源的开放与共享。活动目标是使内地四校在教育教学质量、校园文化、师资队伍建设等方面得到提升。

学校管理层面：到被帮扶学校实地走访，对学校管理工作进行诊断和指导，加强制度建设，开展管理干部培训、经验交流、管理人员跟班学习等工作。

教师层面：举行教师专业专项培训，互相听课交流，以课题为切入点，提升教师教研能力和水平；分批次互派教师进行教学交流与实践，让教师在实践中得到指导、提升；被帮扶学校分批次派教师到厦大附中跟岗学习。

学生层面：充分发挥各地的教育资源优势，为学生开展研学活动创造条件。开展厦大附中与帮扶学校学生结对子活动，分批次组织帮扶校学生到厦大附中参加暑期学生夏令营活动，以开阔学生视野。厦大附中依托云南、贵州、江西等老少边区教育资源开展研学旅行活动，实现五育并举。

教育资源层面：2022 年建立厦大附中与帮扶校教育资源共享专线，2023 年建立教育共享平台，逐步实现教育资源的网络共享，在四校之间开展同课异构、教学研讨等线上教学交流活动。

3. 帮扶纪要

（1）仪式启动。2022 年 1 月 25 日，在云南省永仁县罗立志副县长、云南省武定县杨韧副县长的带领下，永仁县教体局、永仁一中一行 18 人莅临我校参加厦大附中帮扶永仁一中启动仪式。启动仪式上，姚跃林校长介绍了厦大附中的建校过程，永仁县教体局罗雪芹局长介绍了永仁县的教育现状和永仁一中近几年的发展情况。永仁一中朱卫星校长在发言中动情地说："用'感恩''敬重''榜样''期待'四个词表达对招商局集团、招商局慈善基金会及厦大附中的感谢之情。"招商局慈善基金会李志南副秘书长介绍了招商局集团对厦大附中帮扶永仁一中工作的大力支持，并对帮扶工作充满期待。会后，我校领导、中层干部和永仁县来宾在图书馆4楼文学馆座谈，就具体的教育教学细节问题进行深入交流。

贵州威宁县育才中学和育才高中是招商局集团援建学校。经招商局慈善基金会组织牵线，两所育才学校于2022年8月与我校结成帮扶兄弟校。8月29日上午，三所学校举行了第二次线上交流会，共商具体帮扶方案。贵州威宁县育才中学吴辉校长、育才高级中学高跃国书记介绍了各自学校的办学情况。育才中学希望在办学模式、管理团队建设、教师专业发展、学生社团开展、班主任工作五个方面得到厦大附中的帮助。育才高中希望在优生培养、学生视野拓展等方面与厦大附中加强交流，威宁县副县长董志希望两所育才学校在厦大附中的帮助支持下提高教育质量，提升办学品位。

（2）学生交流。2022年8月1—8日，举办永仁一中－厦大附中夏令营活动，永仁一中63名高一新生和教师参加了活动。本次夏令营主要开展阅读课程、名师讲坛、参观漳州开发区创业馆、优秀学子励志报告会、两校学生交流会、联欢晚会等活动，别开生面、丰富多彩的体验活动让永仁一中的老师和同学们加深了对厦大附中的了解，诗意的校园文化和个性化的学习模式激发了同学们时不我待、逐梦未来的进取精神。

（3）教学交流。2022年上半年厦大附中与永仁一中开展高考备考线上教学交流3次，6位教师参与指导，涉及学科有数学、物理、化学，主要方式为备考复习指导、试卷讲评课观课交流、学生答题情况分析。通过高考备考线上教学指导，永仁一中2022年高考取得较好成绩，2022年选择永仁一中的高一优秀学生大幅度增加，永仁一中办学初步走上良性发展的道路，受到县委、县人大、县政府、政协四套班子的集体表彰。下半年，由于疫情频发，校际之间的线下交流难以开展，厦大附中帮扶以线上活动为主，开展了优质课堂线上"每周一播"活动，现已开展直播课10节，涉及初中、高中的语文、数学、物理、化学、政治、地理等学科，还进行了2022年语数英学科高考试题评析等活动。云南永仁一中、江西井大附中、贵州育才中学均组织教师观课，总数达200人次；江西井大附中组织学生听课达150人次，反响良好。通过网络专线，开通学校与帮扶校的空中课堂，校级以上公开课及特色教研活动以直播方式为帮扶学校提供"专递课堂"同步课堂服务，注重增强学生课堂学习参与度，并兼顾双边或多边课堂的教情学情，提高互动交流的针对性、有效性，扩大了优质课程的覆盖面，显著提升了薄弱校的教育质量。

永仁一中李忠卿副校长说："多年来，招商局、招商银行为全县教育的'硬件''软件'下了极大的功夫，打下了非常坚实的教育基础。2022年以来，厦大附中也根据我校学情给予了多项针对性的帮扶措施。在多方帮助下，今年永仁一中教育教学成效显著，新高一优质生源人数也大幅增加，在办学质量发展的道路上迈出了坚实的一步。"

厦大附中自2018年启动示范性普通高中建设以来，积极开展薄弱校对口帮扶工作，我们主动担当，勇于作为，充分发挥示范辐射作用，健全完善优质学校辐射带动区域教育发展的有效机制，不断扩大优质教育资源覆盖面，助力加快构建优质均衡基本公共教育服务体系，取得良好成效。

为进一步发挥省级示范性普通高中示范辐射作用，我校立足当地、影响全市、辐射全国。在新一轮示范高中对口帮扶薄弱校工作中，我们增加了与漳州南靖二中的对口帮扶，又承接了厦门大学托管宁夏彭阳第一中学的帮扶任务，"朋友圈"进一步扩大，在新征程上实施全方位深度结对帮扶，促进对口学校办学质量和水平显著提升，实现示范高中示范辐射效益最大化。

第六章

五育并举提素养　特色培育树新人

一、全面发展，关注素养多维提升

厦大附中自 2007 年创办以来，始终坚持"以人为本，以德立人，自立立人，和谐发展"的办学理念，秉持"自强不息，止于至善"的校训，形成"敦品励学，笃志尚行"的校风，"严谨治学，精心育人"的教风，"尊师守纪，勤奋学习，生动活泼，全面发展"的学风。2009 年首批高中生入学以来，共有毕业生 4513 人，考入大学本科的超过 98%，考入重点大学的超过 80%。他们当中的很多人在大学里获得各级各类表彰，成为同龄人的学习榜样；很多人已走向社会，工作在各行各业，成为"幸福的平凡人"。近年来，学校教育服务水平稳步提升，教育服务能力、文化竞争力、知名度、美誉度显著提高，区域影响力进一步扩大。获得一个又一个荣誉和称号：福建省文明校园，福建省五一劳动奖状，福建省"五四红旗

团委",福建省三八红旗集体,福建省首批普通高中课程改革基地校,漳州市委教育工委"先进基层党组织",漳州开发区建区25周年"金鼎奖牌",漳州开发区"年度先进单位""先进基层党组织",漳州市"平安校园",漳州开发区"先进基层工会组织"等。

(一)质量不断提升,成绩指标高位稳定

学校高考质量稳居漳州全市前列,一本达线率、北大、清华、中科大少年班录取人数,"985工程"高校、"211工程"高校、"双一流"建设高校录取率,高中五项学科奥赛、全国英语创新大赛、新概念作文大赛获奖情况等办学显性指标,进入全省先进行列。"十三五"期间,连续多年获得"漳州市高考功勋奖",高考平均本一上线率80.56%,平均本科上线率99.37%,平均"985工程"高校录取率18.54%,平均"211工程"高校录取率36.58%。其中2021年高考本一上线率83.52%,本科上线率100%,2020年高考"985"高校录取率24.72%,"211"高校录取率43.54%。每年均有考入北大、清华的学生,文理科总平均分在全省稳居十名上下。2019届林宇菁同学获得全市理科第一,2021届陈炫齐同学获得全市文科第一。

(二)竞赛稳步前进,兴趣特长得到培养

树立创新意识,培养探究精神,发展思维能力,培育核心素养,拓展科学视野,为学生未来发展奠基,是我校紧抓学科竞赛的缘由之一。2015年以来,我校参加数学、物理、化学、生物、信息学五大学科奥赛共获省一等奖60个,在五大学科奥赛全国总决赛中共获得15枚奖牌,其中,金牌3枚,银牌8枚,铜牌4枚。2021—2023年,学校在国赛奖牌榜排全省第7名,先后有艾宇旸、许福临两位同学进入国家集训队,并分别提前保送到北京大学化学系、清华大学"丘成桐数学英才"班深造。2023年8月,第22届中国女子数学奥林匹克竞赛(CGMO)由我校承办。

厦大附中2015—2022年五项学科奥赛(决赛)获奖名单汇总

年份	学科	赛事	姓名	奖项
2015	化学	第29届全国中学生化学奥林匹克竞赛	蔡东龙	全国银牌

续表

年份	学科	赛事	姓名	奖项
2016	化学	第30届全国中学生化学奥林匹克竞赛	艾宇旸	全国金牌
2016	数学	第32届全国中学生数学奥林匹克竞赛	柯志发	全国铜牌
2016	物理	第33届全国中学生物理奥林匹克竞赛	邱楷中	全国银牌
2017	生物	第26届全国中学生生物学奥林匹克竞赛	柯灵	全国银牌
2018	数学	第34届全国中学生数学奥林匹克竞赛	许福临	全国金牌
2019	数学	第35届全国中学生数学奥林匹克竞赛	陈宇浩	全国铜牌
2019	物理	第36届全国中学生物理奥林匹克竞赛	黄禹涵	全国银牌
2020	数学	第36届全国中学生数学奥林匹克竞赛	陈宇浩	全国金牌
2021	化学	第35届全国中学生化学奥林匹克竞赛	黄睿	全国银牌
2021	化学	第35届全国中学生化学奥林匹克竞赛	魏苗含	全国银牌
2022	物理	第39届全国中学生物理奥林匹克竞赛	吴桢	全国银牌
2022	化学	第36届全国中学生化学奥林匹克竞赛	黄培江	全国银牌
2022	数学	第38届全国中学生数学奥林匹克竞赛	黄胤儒	全国银牌
2022	数学	第38届全国中学生数学奥林匹克竞赛	陈甄	全国铜牌

独特的课程设置全面满足学生个性化需求，服务学生既好又快地成长。学校师资力量雄厚，硬件设施齐全，管理措施到位，为培养资优生奠定了坚实基础。为学生提供专用的学习教室，各学科实验室全天候、个性化地满足学生的使用需求，功能教室和实验室有专职人员加以维护。在此基础上，学校还依托厦门大学，在导师、高端实验室使用、培训机会等方面，为学生提供贴心服务。数年实践，成效明显，除在学科竞赛中取得不俗成绩外，林嵘灏、詹昱辰、王子扬三名学生因具有良好的科学素养考入中科大少年班学院深造。

（三）艺体活动丰富，五育并举全面发展

面向全体学生开展艺术表演、艺术实践、艺术作品创作、体育特长培养等活动。开设声乐、器乐、舞蹈、戏剧、朗诵、脸谱、年画、版画、民间手工艺制作、创意制作、绘画、书法、篆刻、摄影、游泳、攀岩、足球等校本课程。各类社团建设不断发展，成立时事社、心理社、文学社、科创社、动画社、3D社、编程社、天文社、围棋社、足球队、武术队、书

法社、摄影协会、音乐社、舞蹈队、亦乐园志工队等30个学生社团。"零垃圾校园"、新年广场钢琴演奏会、春季球类运动会、师生环校园长跑、十佳歌手赛、校园篝火晚会、学生乐队等活动已成为"我即文化"特色校园文化理念中的靓丽元素。学校常年开设校本课程50多门，学生的自主选择权、校园生活自治权得到充分保障，课余生活丰富多彩。高二李昱圻同学参加了中央电视台《中国诗词大会》录制。高一林岩、林缨、林弘锟三名同学参加了中央电视台《SK极智少年强》2020年春季赛。高三陈晋彬、赖文杰、徐初涵三位同学在2022年第八届中国国际"互联网+"大学生创新创业大赛全国总决赛中斩获萌芽赛道的最高奖——创新潜力奖。

体育教学成果丰硕。在漳州市阳光体育比赛中，我校高中男子篮球队获得第四名，足球队获得第二名，乒乓球队获得3个冠军、1个亚军以及第四至第八名，还获得高中男子团体第二名的好成绩。学校网球队在2020年、2021年"福建省建设性示范高中网球比赛"中分别获得省二等奖、体育道德风尚奖。乒乓球队在"2021年福建省中学生乒乓球联赛"中获高中组团体总分三等奖。高中男子足球队在2021年、2022年连续两年获福建省青少年校园足球联赛三等奖。游泳队在2021年福建省中学生游泳联赛中获得第二名1个、第三名1个、第四至第八名若干，以及高中组团体总分三等奖的好成绩。方诗恒同学在"2021福建省青少年武术套路锦标赛"中获得男子甲组通背拳第二名，同时荣获国家二级运动员称号。

艺术教学硕果累累。学校拥有完善的艺术教育软硬件基础，系统开展了钢琴、舞蹈、电子琴、合唱、书法、油画等艺术课程。截至2022年，已完成原创歌曲20余首，师生用跳动的音符共同唱响最美青春。在"九龙江杯漳州市第三届中小学艺术节"展演中，我校获得"优秀组织奖"，其中音乐组管弦乐团、民乐团、合唱团、舞蹈队获得了团体一等奖1个、二等奖3个、三等奖1个。美术组作品在绘画书法与篆刻项目中获得一等奖1个、二等奖5个、三等奖6个。教育部发布《关于第三批全国中小学中华优秀传统文化传承学校认定结果的公示》，我校版画、古典舞项目入选。

2018—2022年，戴卓颖等11位同学分别被清华美院、中央美院、中国美院、中央戏剧学院等国内顶级艺术院校录取，其中2022届周依橦同学在美术省考中取得全省第一的好成绩。2012届校友、北京师范大学艺术与传媒学院博士生谢晨露谈到在附中的成长经历时，她眼神明亮："我是附中的首届高中毕业生，在附中的三年是一段最好的时光，带给我很多正能量。回忆起在教室和琴房里的日子，老师们的用心和无微不至至今让我觉得温暖，正是老师们不断鼓励我在学习之余巩固强化自己的特长，才能成就我现在更好的发展。"2016届我校"六年一贯制"创新班校友黄茜，现在美国伊斯曼音乐学院协奏钢琴与室内乐专业攻读硕士，她说："附中教会了我作为一名新时代青年的出发点和立足点，让我在这么多年依然不忘初心，坚定信念去追求让自己幸福、对社会有用的事情。"

劳动教育收获满满。学校扎实推进劳动教育，争先创优，统筹安排课内外劳动实践时间，集体劳动美化环境，开辟多个劳动基地。我校"立足服务学校，培育劳动技能"项目入选2019年福建省中小学劳动教育实践特色项目。

（四）核心教育主张，内涵深刻辐射广泛

厦大附中建校之初，我们即确定学校的远景奋斗目标是，把学校建设成一所具有文化竞争力的现代化的有特色的学校。我们认为，校园文化建设的核心是人，是师生，是你我。我们就是文化！16年来我们一直力求用文化的力量推动学校健康发展并取得初步成果。厦大附中有自己的文化理解并踏实践行，形成了独特的文化表达，具备了一定的文化力量。16年办学实践，我们有了属于厦大附中的一系列文化理解和教育主张，构建出了一种特色鲜明的文化价值观。其核心教育主张是：1. 教育无非服务；2. 办学生喜欢的学校；3. 让教育更加尊重生命；4. 实施人道的应试教育；5. 教育不相信奇迹；6. 做幸福的平凡人。在核心教育主张之下，我们几乎在教书育人的所有领域都有自己的独立见解和鲜明主张，可以将其罗列为《附中观点40条》……由此可见，厦大附中是一所具有独特而深厚文化内涵的学校。而当这种文化与厦大附中、附中人主客体交融，形式和内容融为一体难以区分时，厦大附中就成了一种文化图腾和力量源泉。因此，于附中人而言，厦大附中就是一种人生态度，就是一种生活方式。如

果说厦大附中是一种人生态度，这个态度就是指做幸福的平凡人；如果说厦大附中是一种生活方式，这种生活方式就是拼搏进取、守正创新。

今天我们不仅能在北大、清华等中国所有"985"高校中看到众多的附中毕业生，也能在哈佛大学、麻省理工学院、斯坦福大学、加州大学伯克利分校等世界一流名校中看到附中学子的身影，他们和众多附中学子一样，都有一个共同的称呼：附中人。

今天的厦大附中，教育最大的成功不是培养了几个北大清华和中科大少年班的学生，也不是本区域内无人能及的高升学率，而是发展成为学生喜欢、教师幸福、家长信任、社会认可、具有较强文化竞争力的中学，办成了老百姓家门口可信赖的学校。

回望来路，厦大附中从无到有，从获得福建省三级达标校、省教育改革试点项目学校、省普通高中多样化办学试点学校、省首批课程改革基地学校、省一级达标校，直到获评省示范性高中……一路走来，拼搏进取，守正创新，一步一个脚印朝前迈进，努力践行"自强不息，止于至善"的校训。放眼远方，我们将继续潜心"培育一流的教育服务品质，用合适的教育办学生喜欢的学校"，向全国一流品牌中学推进。

二、守正创新，尊重生命办出特色

（一）"教育无非服务"的理念深入人心

教育无非服务，服务即信仰，服务即陪伴，服务即幸福。"干部服务群众，行政服务教学，全校服务课堂，全员服务学生"是厦大附中的服务原则。"培育一流的教育服务品质，用合适的教育办学生喜欢的学校"是厦大附中的教育行动指南和核心教育理念。真心服务学生成长是厦大附中的重要办学特色。行为世范，教师通过服务学生成长，培育学生服务他人、服务社会的意识。

1. 教育服务品质的提出与内涵

(1)"教育服务品质"的提出背景

厦大附中的发展定位是"全国有影响力的知名学校"。这个定位是学校的发展目标,也是学校选择发展路径的基本依据,同时也是全体师生尤其是教师的教育理想所在。一流学校必须要有一流教育质量。办学初,学校所在开发区户籍人口只有 1 万多人,对口的四所小学学生人数只有 200 多人,加上外来务工人员子女可以编成 6 个班。所以,如果我们只盯着升学率,只追求单一结果,则学校发展是看不到前途的。

我们直面现实,形成了两个基本认识:一是将"服务开发区"和"建设知名学校"两大任务有机统一起来。二是转变质量观,坚定自己的价值选择。这个质量观的核心是要从单纯追求升学质量向全面提高教育服务质量转变,要将培育一流的教育服务品质和服务水平作为努力的方向。

没有一流生源,可不可以有一流的师资?能不能建成知名学校?回答是肯定的。不同的生源可以决定学校的管理风格和教师的教学风格的不同,但不能决定教师的教育水平和研究能力的高低。教师的专业成长是可以建立在不同类型的生源之上的,与什么样的学生没有关系。学校何以知名?根本在人,主要在教师,看教师能培养什么人、培养了什么人。厦大附中建设一流学校的征程不能等到什么时候有了一流生源再开始,这一天是等不来的。所以,即便升学质量暂时还不高,学校仍然可以在提高升学率以及提升办学能力和办学水平上有所作为。因此,我们提出了要培育一流的教育服务品质,并且将一流的教育服务品质视为教育质量的最高境界。教育的本质就是立德树人,面向本质的教育就是要全面服务于人的成长,它的基本功能就是服务。事实上,按照 WTO《服务贸易总协定》的界定,教育确属服务业,因为它具有一般服务业的基本特征。

所有教师都希望得天下英才而教之,这在情理之中;而所有学生都有平等接受教育的权利,这是法律规定的;同时,所有的学校,只要它还在为一个学生服务,就有存在的理由。我们从教育的本质出发形成统一认识:只有为所有学生提供合适教育服务的学校才能算是好学校。

(2)"教育服务品质"的内涵阐释

一流服务品质的教育是指面向教育本质、能够满足每一位学生成长需要的教育。每名学生的价值选择都得到充分尊重,每名学生的人生理想都有腾飞平台,这样的教育服务品质才能算一流。

强调"一流的服务水平和服务品质"与强调"一流的升学质量"有着明显区别。前者的评价指向学校和教师,后者的评价指向学生。前者是面向全体的教育,即要让不同基础的学生都有不同的提高,不同的学生通过学校教育都能获得全面、健康而自由的发展,都能从教育中得到幸福快乐;后者则不然。提倡追求一流的服务水平和服务品质在现阶段的特殊意义在于,可以使教育回归其本质属性,使所有的学校都有存在的价值,使所有教师的所有教育行为都有意义,使所有学生都能认识到接受教育的必要、获得教育的快乐,身心在教育中得到健康成长。

提倡培育一流的教育服务品质,并不意味着要无原则地迎合各类人的全部需求。教育服务要讲究原则,这个原则的核心是教育规律和学生身心健康发展的规律。无原则的迎合表面上看是服务品质之极致,实际上是以牺牲学生的长远利益和大多数人的根本利益为代价,是一种短期行为。有原则的服务是在尊重规律的前提下,优化现有资源配置,实现长远利益和大多数人利益的最大化,从而从根本上保障人的可持续发展。教育服务是以公平为前提的公共服务,不应受制于一般市场交换规则。教育生态是所有人的生态,不能为少数人的利益而使生态恶化。只有当对教育服务品质的追求成为学校工作常态时,教育才能摒弃功利主义,才能回归常识,指向本质。这是崇高的学校发展目标。

16年来,"教育服务品质"行动研究经历了自发摸索、初步实践、定位明晰、常态实施四个阶段。将培育并不断提升教育服务品质作为学校发展的战略和路径,这个思路是"从泥土里"生长出来的。

2. 提升教育服务品质的路径与方法

(1)建设服务型校园是保证服务品质的基础

厦大附中校园,就其精神实质而言,其特点是"建筑服务人",是服务型校园,不是管理型校园。通俗地说,这个校园很难管:一是有太多的自由空间和共享空间；二是学生在任何时间都可以自由地到达任何地方。一切都尽可能服务于学生的健康成长，很少考虑管理的难易。譬如，将足可以建造一块 67000 平方米以上大广场的场地分割成多处休闲场所，学校因此少了些气派，增加了管理难度，但学生拥有了无处不在的休闲和自由读书的地方。正大门内小广场只有 200 平方米，但学生公寓区的九思广场面积超过 2000 平方米。两栋教学楼的总建筑面积近 2 万平方米，但只建了 85 个标准教室，其中一半以上的面积是共享空间。错落，是教学楼的一大建筑特点。楼体一改火柴盒式的直线条，全是曲曲折折的，并到两个教室就要拐一个弯。拐弯处就是一处活动平台。三层以上，沿走廊建有空中花坛，还有几处是大花坛，满足师生户外交流、身心休闲需求。图书馆里有些走廊空间比临近的室内还大。建筑面积近 3 万平方米的学生公寓只有 540 间房，只可住 2200 人，人均面积近 15 平方米，原因也是有大量建筑面积用于公共休闲。艺术馆建筑面积 11410 平方米，其中陶艺教室面积达 200 平方米、琴房有 12 间，每间 15 平方米，为艺术文化交流和美育提供宽裕空间。体育馆、游泳馆建设亦如此。

教学楼 1

建筑只是建设服务型校园的基础保障，要使"建筑服务人"真正落到实处，还需要人力、物力、财力的充分保障。开发区管委会高度重视教育，对厦大附中的发展提供了巨额的经费保障。生均教育事业费和公用经费都远超过全省平均水平。从建校的 2008 年开始，厦大附中的初中生就实行完全的免费教育，连教辅材料也由政府财政买单。2014—2021 年，开发区实施自幼儿园到高中的 15 年免费教育，开启了高中教育免费时代。因为有充足的公用经费保障，教育教学活动的规范、品位、品质得以保证高水平。教育的理想国就应当是阻断师生间任何经济利益往来、不带有半点铜臭味儿的"君子国"，最高品质的教育服务应当是无偿服务。

教学楼 2

（2）建设优良师资是提升服务品质的核心

师资质量是服务品质的核心。开发区管委会尊师重教，实行专家治校；组织人事和教育行政部门简政放权，使学校拥有较大的人事权。十几年招聘教师，领导不打招呼、不写条子，相关部门不干涉、不开绿灯，学校恪守原则、用人唯贤，引进了一大批优秀的在职教师和重点大学的应届毕业生。教师福利待遇不低于厦门特区，还享受最高达 21 万元的一次性购房补贴。不仅解除了教师的生活之忧，更重要的是从根本上保障了教师的人格尊严。只有充满幸福感和尊严感的老师才能培养出同样的学生，只有高品位的教师队伍才有高品质的教育服务。

教育活动的主导者是教师，师资是决定教育服务品质高低的关键因素。关于"人"的教育，一定离不开人，无论现代科技是多么发达。我校建校伊始即确立了通过建设一流的师资队伍开启文化育人之门的办学思路。校园文化建设的核心是人，而教师是在文化建设中起决定作用的人。校园文化中最重要的和最稳定的因子是师资，是教师素养。教师是校园文化的直接参与者和引领者，学生参与校园文化创造离不开教师的启迪和引领。就特色立校而言，教师素养的独特性决定着学校的独特性，只有与众不同的教师才能办出与众不同的学校。换言之，教师素养是最不易被"偷"走的校园文化，也是最不易被复制的办学特色。作为教师群体，以特色立校，要在提高自身素养上下功夫；作为学校，以特色立校，要在加强师资队伍建设上下功夫。有没有特色，说到底就看有没有足以支撑特色发展的师资。

"教师生活在学生中"是厦大附中突出的办学理念。附中实行早、晚自习和周末自习教师督修制，始终有老师陪伴学生，以便及时帮助学生解决问题。几乎所有老师每天至少在学校餐厅与学生共同就餐一次；几乎每天下午课后，都有师生共同参与的活动；每个晚自习前，绝大多数班主任、任课老师都在教学楼与学生谈心；每天早读课，所有班主任都会自发到班级巡视；几乎每一位班主任都陪同学生到过医院就医，大多数老师都曾有过帮助学生"代邮""代购"的经历。更有一批"成长导师"，他们与学生的交流更为频繁、深入。可以说，厦大附中老师是当今社会最专注于自己工作的教师群体之一。在附中校园，随处可以听到"老师，您好！""同学，你好！"的声音，师生关系是亲人般、朋友般的和谐关系。

厦大附中制定了《教师专业成长实施方案》，用制度保障教师专业成长。通过校本教研、课题引领、同伴互助、师徒结对和"推门听课"等措施助力青年教师成长。终身从教的教育艺术追求和专业成长规划成为绝大多数老师的自觉行为。附中教师习惯用专业化思维审视教育教学的每一个环节，寻求教育行为的科学化和艺术化，力求理论联系实际，努力实现"为人的教育"，办学生喜欢的学校。

（3）让服务成为推动学校发展的文化追求

早在建校之初，学校制定了《厦门大学附属实验中学四年发展规划（2007—2011）》。其中对学校的远景奋斗目标是这样描述的："把学校建设成一所具有文化竞争力的现代化的有特色的学校，其主要特征是，有探索现代教育的历史使命感和社会责任感，有改革传统教育弊病的理论勇气和实践魄力，有探究和遵循办学规律的科学精神和人文精神，有表征学校教育现代化的原创性改革成果和特色经验。实现远景目标的显性标志是在中国基础教育的若干领域，厦大附中的探索为多数人所熟知并认同。"在这个基础上，我们提出"用合适的教育办学生喜欢的学校"的主张。"用合适的教育办学生喜欢的学校"，这里面既有对教育本质的强烈呼应，也有对学生的充分尊重，体现了学校教育服务学生成长的宗旨。

学校坚持把"以人为本，以德育人，自立立人，和谐发展"作为核心办学理念，努力创造适合学生自我可持续发展的教育。努力处理好教育平等与差异教学的关系，建立和谐课堂，提高教学有效性，逐步探索出一套行之有效的教育思想和管理方略。具体有以下"八观"：①教育观：在遵循普遍价值观的前提下，实现教育对人的起码尊重；承认生命的固有价值，提倡适度教育，实施"人道的应试教育"；不为"特色"而特色。关心每个学生，促进每个学生主动地、生动活泼地发展；尊重教育规律和学生身心健康发展规律，为每个学生提供适合的教育；关注学生的现实快乐，营造和谐幸福的校园氛围，致力于为学生的终身幸福奠基，勉励学生做幸福的平凡人。②教师观：明确教师乃立校之根本；强调激发教师的智慧比制度建设还重要，而制度正是用来保障教师的教学自主权。用一个模式来定义一所学校的课堂是一件不可思议的事。我们倡导教学民主，不搞"明星制"，珍视批判精神，直面教育本质，绝不做明天后悔的事。从互信和唯美的视角来建构多维关系，在单纯和谐的人际交往中，享受专业化的生活乐趣。规划基于终身从教的专业发展，将最好的论文写在课堂上，在实践中获得专业成长。努力保持人格独立和精神超越，办有尊严的教育。③学生观：学校因学生而存在。在学生培养目标上，强调素质为本多元发展。教学设备及活动场所全天候面向学生开放，一切为了学生。④课堂观：尊重学生的客观差异和选择权，反对"为了考试"的课堂，不追求"高效课堂"，强调师生相伴共处的意义，营造开放式高效率的课堂文化。"推门听课"是学校最普遍的听课形式，"有效教学"是老师们思考得最多的课题。⑤质量观：一流的教育服务是教育质量的最高境界。培育一流的教育服务品质，服务于"为人的教育"，让不同的学生都能从中获得帮助并取得进步。⑥文化观：倡导"我即文化"的理念，确立校园文化建设的核心是人的基本认识，强调对制度的敬畏是最严肃的校园文化，努力提高全体师生的文化自觉性和文化自信心，不断挖掘文化兴校的潜力。⑦活动观：学生活动是课程，学校活动是全校师生同上的一堂大课。⑧环境观：自己的垃圾自己处理，追求零垃圾的校园生活。

（4）构建以服务质量为指向的教师评价体系

将对教师的评价由单纯的对教学成绩的评价，转为对教师教育服务态度、能力、行为、水平、创新性和成效等的综合评价。学校考量教师成长导师担任、志愿服务、讲座开设、活动组织、课程开发、专业驾驭等层面的工作。

学生、家长有权对学校教育作出评价。学校构建学生、家长、社会三位一体评价体系。针对办学条件、师资队伍、教育教学管理、后勤服务、教学成效等，分等级评测。以问卷调查、学生座谈会、校长接访、学代会提案等方式进行。

为使服务标准化、流程清晰化，学校制定了教学、德育、后勤部门工作指南，涉及学籍办理、实验室使用、校园课余生活、办公物品使用等18项内容，讲求事有人管、事管有序、室有服务、服务有据。

3. 教育服务品质的实践成效与反思

（1）综合办学实力不断提升

16年来，"服务文化"推动学校持续发展。学校不断提升教育服务品质，办学实力、文化竞争力、知名度、美誉度显著提高，区域影响力进一步扩大。学校在服务开发区、服务漳州、服务厦门大学等方面作出了突出贡献。渐以清新大气的教育形象、严谨而内涵丰富的学校文化、优良的师德水平、富有魅力的师生精神面貌、出众的升学成绩赢得广泛赞誉。近年，闽南日报、海峡导报、厦门日报、福建日报、人民日报、光明日报等媒体对我校办学情况进行了多角度的宣传报道。2018年学校越级申报省一级达标高中获得通过，2022年学校被福建省教育厅确认为福建省首批（30

所）示范性普通高中。

(2) 原创实践成果广泛传播

2011年起,"教育无非服务"的系列实践成果相继在各类媒介公开交流发表。

类型	题目	媒介平台	发表时间
论文	一流的教育服务是教育质量的最高境界	搜狐博客	2011.10.10
论文	教育无非服务	福建教育	2015.4
论文	办一所学生喜欢的学校	人民教育	2015.7
专著	让教育带着温度落地	华东师范大学出版社	2017.1
专著	安静做真实的教育	华东师范大学出版社	2017.6
专著	让教育更加尊重生命——姚跃林教育演讲录	华东师范大学出版社	2019.5
专著	教育无非服务	华东师范大学出版社	2020.6
专著	让教育稍稍有点诗意	华东师范大学出版社	2021.10
专著	怎样的教育能给人带来幸福	华东师范大学出版社	2022.5
讲座	建设服务型校园,培育新型优质高中	2018年全省高中毕业班教学工作培训班(福建省教育厅主办)	2018.2.2
讲座	用文化力量推动学校发展	省级示范性高中培育建设及2019届高中毕业班教学工作培训班(福建省教育厅主办)	2019.1.18
讲座	突出重点,突破难点——厦大附中推进高考综合改革的初步设想	高考综合改革系列培训班——全省普通高中校长高考综合改革培训班(福建省教育厅主办)	2019.6.10

续表

类型	题目	媒介平台	发表时间
讲座	立足"教育供给侧"改革——构建基于服务品质测量的新型评价体系	2021届全省高中毕业班教学工作暨推进普通高中育人方式改革培训班(福建省教育厅主办)	2021.1.14
讲座	创建即创业,示范即规范	省示范高中建设推进会(福建省教育厅主办)	2022.4.22

（3）显性办学业绩令人瞩目

2018—2022年，厦大附中中高考质量稳居漳州全市前列。中考综合比在全市170余所公办学校中一直名列前茅。高考平均一本达线率达80%，本科达线率趋近100%。学校相继被授予"漳州市高考功勋奖""教学质量信得过学校"称号等。2015年起，我校参加数学、物理、化学、生物、信息五大学科奥赛获省一等奖60人，在全国总决赛中共获得金牌3枚、银牌8枚、铜牌4枚。2023年8月中国女子数学奥林匹克竞赛由厦大附中承办。

（4）校友母校情怀温暖感动

在学校微信公众号后台，感恩留言俯拾即是：在这个学校里，我体会到的并不是无情的考试竞争，这里的人教会我的更多的是善良、坚持、温暖……

在毕业生朋友圈常常会读到："一年半没回过'家'了，很是想念！""读大学的这一年半里，我好似慢慢学会了独立和坚强，但附中的爱却让人卸下铠甲，她用温柔的爱抚慰我柔软的内心。"

常有毕业生给校长写信，感谢母校、感谢老师：附中，让我真正感受到了集体生活的甜蜜；让我真正感受到了学习之外的校园生活的美；让我知道原来学生、老师、保安、食堂阿姨等可以这样亲近、这样和谐、这样有家的味道，我爱这个家……

追寻服务永无止境，"办学生喜欢的学校"永远在路上。通过教育供给侧改革，继续优化服务品质，引导学校规范办学，促进学生全面健康发展。差异教育依然大有可为；学生参与服务型学校建设力度、广度尚有很大空间；让老师工作更有意义和价值，为其能为、为其愿为仍需深化。相信优质教育服务能够克服当前教育的诸多弊端，从根本上提高教育质量，让教育带着温度落地。

（二）"六年制"，培养拔尖人才的创新举措

1. 实施背景

"钱学森之问"呼唤教育创新。《国家中长期教育改革和发展规划纲要（2010—2020年）》强调："尊重教育规律和学生身心发展规律，为每个学生提供适合的教育。"

初中学业相对简单，但为了中考成绩，学校和教师在提升中等及偏下学生成绩上投入了大量的时间和精力，学习基础相对优秀的"资优生"也随之做了大量简单、重复、不必要的课业。某种程度上，"中考消耗"挤占了资优生的学习快乐，降低了学习效率，影响了学生全面发展和个性化成长。

"中小学科学探究学习与创新人才培养机制实验研究"项目研讨会

据此，在漳州市教育局的政策支持下，厦大附中于2010年创办了中学"六年一贯制"（简称"六年制"）教学实验班。"六年制"以"力求全

面发展，尊重个性特长"为办班思路，尝试建立一种创新机制，积极探索中学阶段为资优生提供合适的教育，是在基础教育阶段探索优秀人才培养模式的一种积极尝试。"六年制"教学模式成立后，先后加入了科技部、教育部"中小学科学探究学习与创新人才培养"、福建省教育改革试点项目等课题研究。厦大附中"六年制"总计办班10年。因教育政策变化，2020年起停止招生。十年实践，"六年制"学生以自信的精神面貌、优良的学业成绩、出众的综合素养、多元的成长路径赢得广泛赞誉。

2. 举措与成效

（1）机制创新，实施弹性学制尊重学生选择

免中考直升高中。通过综合素养面试，从小学毕业生中选出80位资优生组成两个"六年制"教学班，每班40人。初中三年人员固定，实行寄宿制管理，免学费、免住宿费。初中毕业无需中考，直升本校"六年制"高中部，规避了"中考消耗"。选拔专业素养和师德水平高的教师承担"六年制"教学工作，主要学科教师实行六年大循环。

尊重合理分流。中学六年，学生学业水平、学习兴趣出现分化和变化在所难免。初中三年坚持"一个也不落下"原则，班级学生不淘汰、不添人。初中毕业时，允许不适应"六年制"的少量学生自愿选择到高中平行班学习，待学力适合时可申请重回原班。无论旧高考还是新高考模式，即文理分科和选科走班，皆尊重学生选择，实行小班化教学。

允许特优生跳级。中学六年期间，允许天赋突出的个别特优生跳级。2013年至今，有3名同学从高一跳级到高三、1名同学从初三跳级到高三、2名同学从高二跳级到高三，他们均跳级报考中科大少年班学院。

（2）课程创新，着眼长远发展培育核心素养

"六年制"机制下，师生都拥有更多的教学时空支配权、课程自主权。依据新课标的要求，遵循认知规律，关注初高中衔接，注重学生的创造潜能和个性发展，"六年制"教学班创新课程设置，为资优生量身设计更加个性化、多样化的营养课程。

①课标课程

根据中高考要求，"六年制"学生需修习初高中各科课标规定的内容。

教学中，关注初高中课程无缝衔接，创造性地取舍、整合和扩展教材。尤其是在初中阶段，教学不需盯着中考这一短期目标，而是立足"六年制"，拓展思维空间，培育学科核心素养，为高中学习打下深厚基础的同时，充分激发学生的学科兴趣和学习主动性。例如，初中思品课开设"价值观系列专题讲座"，初中地理课增设"新闻图片时事地理"等特色模块，初中历史课增加"历史经典著作导读"篇章等。

②特需课程

一是科学素养课程提前开设。七年级下学期开设物理课，八年级上学期开设化学课，旨在尽早让学生接触自然科学，激发并呵护其对科学的好奇心。

二是实验操作课程常态化开展。除正常实验课，学校实验室课余和周末时间向学生开放。学生自发成立了"小小科学家实验室"，自主探究各类科学小实验。利用"厦大系"的资源优势，定期开展"大中学生同做实验"活动，每周厦大学生带领"六年制"学生到实验室做科学探究实验。实验课程的常态化、个性化、协作化开展，大大激发了学生学习科学的热情，为后续参加学科竞赛播下兴趣的种子。

三是艺体素养课程走班选修。"六年制"致力培养爱思考、懂审美、有兴趣的学生。利用"免中考"优势，除正常的艺术课外，从2010年开始，七年级每周三下午开设两门艺术课供学生走班选修，如版画、陶艺、作曲、舞蹈等。如今，上百件书画、手工作品陈列于学校艺术馆，《光芒》等十余首原创歌曲唱响校园，并在网络传播。另外，每周二、周四下午课外活动时间，初中开设花样跳绳、双节棍、抖空竹、武术操等多项体育选修课。

四是研学实践课程走出去。"六年制"致力培养具有开放意识和国际视野的现代学生。与台湾明道大学、明道中学合作，每年暑期组织部分学生赴台参加教育研修活动。与厦门大学马来西亚分校及马来西亚华文学校合作，带领学生走出国门开展科技文化研学活动。

③拓展课程

一是学科竞赛课程有序推进。五大学科奥赛课程遵循"六年制"整体设计，学生量力而行选择性参与学习。数学竞赛辅导从七年级抓起。学有余力、对数学感兴趣的学生可自愿加入数学竞赛小组，利用晚修时间每周开设两节辅导课。物理、化学、生物、信息竞赛辅导从八年级起步。各科竞赛小组学生中途可视个人学力情况退出或加入。

二是校园写作课程办成特色。拟定校园写作长远目标：充分重视校园写作，形成持久的氛围和特色，促进学生写作能力和人文素养的提升；通过校园写作实践，引导学生抒写青春、涵养身心、润泽生命，更好地服务于学生的成长。

截至2023年，学生出版作品14部，平均每年公开发表文章上百篇，多人次获新概念作文大赛等国家级赛事奖项，多名学生因写作能力在高校自主招生、"强基计划"中受到青睐。在"六年制"师生带领下，"校园写作，润泽生命"成了学校的办学特色。

三是外语交际课程纳入考核。英语教学突出听说训练，专门开设《走遍美国》《英文电影鉴赏》等校本课程。口语纳入评价体系。从低年级的音标测试到高年级的英文演讲，口语考试成为一种常态，并按一定的比例折算到学期成绩中。在首届全国中学生英语戏剧大赛福建赛区总决赛中，我校"六年制"八年级学生获得初中组一等奖。在第13—18届全国创新英语大赛中，共获得全国一等奖9个、全国二等奖9个、全国三等奖6个。

（3）目标创新，满足个性需求激励多元发展

关注学生个性化、多样化的学习和发展需求，在高考、竞赛、少年班、艺术等领域为学生提供优质教育服务，满足学生多元发展需要。总体培养目标是：高考成绩出色，学科竞赛突出，发展方向多元，综合素养较高。

①突出理科，文理并蓄发展

"六年制"初中阶段坚持"全面发展，强化理科"的培养导向。一方面注重全科教学，拓宽人文视野；另一方面以特需课程和拓展课程为抓手，激发理科学习兴趣。高中阶段，学生整体学业水平优良，理科素养尤为突出。

"六年制"已毕业的7届学生共566人，51%被985高校录取，其中

15人被清华北大录取,本一率约93.7%。在理科突出、数理化等竞赛学习氛围浓郁的理科班,还涌现了一批出版专著、经常公开发表文章的"小作家"。7年来,"六年制"高中在读学生出版作品集12部,在全国各类刊物上发表文章1000多篇。这得益于"六年制"这一特殊机制,老师能系统、有效地提升学生的文理科综合素养。2019届"六年制"理科班的学生几乎人人都在CN期刊上发表过作品,有3名学生出版了专著,一大批学生文理兼优,取得优异成绩。其中,被中国人民大学录取的王艺潼发表CN文章50余篇,出版20余万字的专著《挑个时间的缝隙活着》,在全国、省、市多项作文大赛中获奖,还获得创新英语大赛全国一等奖,数学、化学竞赛获省市奖;被北京大学录取的林宇菁是开发区作家协会会员,发表CN文章10余篇,数学竞赛获省奖。

②遵循规律,为特优生成长铺设多元路径

附中从创办"六年制"教学班起,就对培养资优生做了整体规划,致力在"三类"资优生培养上做积极探索:一是理科思维特别突出的,培养其报考中科大少年班;二是学科兴趣特别浓厚的,培养其冲击学科奥赛金牌;三是艺术素养特别出色的,培养其走艺术特长生成长之路。

第一类,中科大少年班苗子的培养分为四步。七年级是观察期,将年龄小、悟性高、阅读广、自学强、爱钻研的孩子纳入视线。八年级是选苗期,对看中的苗子,通过与学生及家长深度交流,指导其八年级上学期提前学完初中课程。九年级是准备期,学校为立志报考少年班的学生准备高中学习资料,用一年多的时间帮助其修完高考课程,其间以自学为主。九年级暑假结束时,对其数学、英语进行高考难度的检测,数学能达到120分以上、英语能达到110分以上为合格。高一是跳级期,根据中科大选才要求,未满16周岁的非高三学生方可报考少年班,于是准备报考少年班的学生高一入学时就必须跳到高三,参与总复习备战高考。高三是冲刺期。这一年,凭着初中自学高中课程的基础要和高三尖子生过招,对十四五岁孩子的身心抗压能力和学习能力是极大挑战。2014年、2016年高考,年仅15岁的林嵘灏、詹昱辰同学分别以642分、646分的优异成绩被中科大少年班录取,多家媒体予以大篇幅报道,在全市乃至全省引起较大反响。如今 24 岁的林嵘灏已在中科大博士研究生毕业。

第二类，竞赛生培养从初中抓起。常规学习与竞赛研究两条腿走路，不因搞竞赛而偏废常规学习。2015 年以来，厦大附中学生在全国奥赛决赛中获得 2 金、6 银、2 铜共 10 块奖牌。许福临、陈宇浩同学高二获数学奥赛金牌被保送到清华大学"丘成桐数学英才"班。2022 年 4 月，许福临随数学大师丘成桐先生参加中央电视台《开讲啦》节目。

第三类，艺术特长生培养满足个性发展需求。因学生在校寄宿，为满足艺术特长生冲刺训练需要，特事特办，为他们提供单独琴房或单独练功时间。2016 年黄茜同学因钢琴特长被浙江大学社会科学实验班录取，2017 年王恬同学以突出的音乐素养被北师大音乐系录取，2019 年张恬语同学被上海戏剧学院录取，2021 年陈昱新因钢琴特长被清华大学数理类专业录取。

③全面发展，着力培养协作沟通能力

"六年制"为学生营造了一个相对宽松自由的成长环境。从初中开始，学生全寄宿，占据地利、人和优势，有时间、有条件参加各项感兴趣的社团活动和学生会组织。学生的合作交流、组织沟通能力得以充分锻炼。丰富的课余生活、多样的人际交往，促进每个学生主动地、生动活泼地发展。目前全校有 30 个社团，"六年制"学生负责的社团有 16 个。学生会成员 68 人，"六年制"学生占 28 席。"六年制"毕业生因其较高综合素养及中学阶段锻炼的领导力，在高校表现出良好的发展后劲。如今，麻省理工学院、康奈尔大学、伦敦大学、新加坡国立大学等世界知名高校都有我校"六年制"毕业生身影。2016 届 82 位毕业生，本科毕业后 46 人继续攻读硕博学位，其中 7 人直博，13 人在美国、英国、新加坡等地世界知名高校深造。

2019 年 8 月 16 日中国教育报在《清华"钱班"十年记》中指出："顶尖学生过于关注短期目标，但缺乏源于兴趣和志向的内生动力。""钱班"首席教授郑泉水说："回答'钱学森之问'，只靠高校单兵作战是不行的，还需撬动中学、小学、幼儿园和家庭的教育体系。"六年制培养模式着眼长期发展目标，通过机制创新激发学习兴趣和志向的内生动力，为"撬动常规教育体系"探寻了"附中方案"。

2023年2月，习近平总书记在主持中央政治局第三次集体学习时强调，加强基础研究，是实现高水平科技自立自强的迫切要求，是建设世界科技强国的必由之路。习近平指出，加强基础研究，归根结底要靠高水平人才。要坚持走基础研究人才自主培养之路，深入实施"中学生英才计划""强基计划""基础学科拔尖学生培养计划"，优化基础学科教育体系，发挥高校特别是"双一流"高校基础研究人才培养主力军作用，加强国家急需高层次人才培养，源源不断地造就规模宏大的基础研究后备力量。要在教育"双减"中做好科学教育加法，激发青少年好奇心、想象力、探求欲，培育具备科学家潜质、愿意献身科学研究事业的青少年群体。2023年3月18日，北京大学在福州举办了基础学科拔尖创新人才选拔与培养论坛，重点探讨了拔尖创新人才的发现和早期选拔问题。由此可见，基础学科拔尖创新人才选拔培养工作已引起党和国家领导以及高校的高度重视。

依托"六年制"教学实验平台，我校在拔尖创新人才的选拔和早期培养方面积累了一定的经验，取得了一定成果，引起社会各界关注。"六年制"毕业生的可持续发展潜力得到众多一流高校的肯定。"六年制"培养模式的改革实践，表明机制保障对于资优生多元发展的重要性。这一育人机制的持续实践创新，需要教育主管部门和学校有改革创新的魄力和勇气。需要学校在四个方面做进一步的优化探索：建设一支具有创造精神与创新能力的师资队伍；开发具有原创性和可推广性的校本教材；完善科学有效的过程性和终结性教育质量评价办法；深化"分化生"帮扶、资优生德育实践研究。

（三）校园写作，润泽生命

写作能力是学生核心素养之一，是新时代拔尖创新人才的必备技能。伴随着ChatGPT等生成式人工智能的出现，现代信息技术飞速发展并深度融入教育教学领域，原创写作的重要性更为凸显，如何通过校园写作培养学生的创造性思维和创见性表达变得尤为重要。

重视写作意识和写作能力的养成，将写作能力作为核心素养之一，是厦大附中建校之初就确定下来的办学特色。经过十多年的探索建设，厦大附中逐渐走出了一条写作教学的新路，取得了丰硕的成果。"校园写作，润泽生命——基于核心素养培育的中学生写作实践研究"获得福建省2018年基础教育省级教学成果奖二等奖。学校入选北京师范大学国际写作中心"种子学校",携手共建"文学教育示范学校",是福建省语文学会"读写教研基地"。《光明日报》记者以《这里为何会涌现一个"小作家群"》予以报道。发表与获奖,已成厦大附中学生的写作常态。写作已成为厦大附中学生的一种生活方式,人人愿为、人人可为、人人能为、人人善为。"校园写作,润泽生命"的理念深入人心,成为厦大附中的重要标志。

1. 积累与成效

（1）从习作到发表,润泽每个小作家梦想

2015年以来,在校高中学生出版个人作品集14部。学生公开发表作品2000余篇,主要发表在《中国青年报》《萌芽》《美文》《中国校园文学》《星星诗刊》《散文诗》《作文通讯》《全国优秀作文选》《中学生阅读》《中学生博览》《读写》《作文》《新作文》《创新作文》《海峡儿童·读写》《闽南日报》《厦门晚报》等全国几十家报刊。学生先后荣获全国新概念作文大赛一等奖、全国中学生创新作文大赛特等奖、语文报杯全国中学生作文大赛特等奖、梁衡作文奖、汪曾祺散文奖、陈子昂诗歌奖。为知名高校输送了大批具有写作特长的优秀学生。

厦大附中学生出版的作品集

序号	学生	届别	书名	出版社	出版时间
1	郑凌峰	2016届	《局外集》	吉林大学出版社	2015年
2	陈致至	2019届	《从何说起》	海峡文艺出版社	2018年
3	林彦辰	2019届	《想象中的远行》	东北师范大学出版社	2018年
4	王艺潼	2019届	《挑个时间的缝隙活着》	吉林大学出版社	2018年
5	杨森婷	2019届	《一去若回来》	吉林大学出版社	2018年
6	林舒晴	2019届	《掌中矩阵》	团结出版社	2018年
7	李昱圻	2021届	《野马集》（古体诗词集）	东北师范大学出版社	2019年
8	陈炫齐	2021届	《跳房子》	海峡文艺出版社	2021年
9	张铃	2021届	《数绵羊》	海峡文艺出版社	2021年
10	张锦琪	2022届	《黑板下的旅行》	海峡文艺出版社	2022年

续表

序号	学生	届别	书名	出版社	出版时间
11	黄佳钰	2022届	《梅子熬成茶》（现代诗集）	海峡文艺出版社	2022年
12	陈妍言	2023届	《试扑流萤》	海峡文艺出版社	2023年
13	邱芘苡 曲博	2023届	《黎明之前》	海峡文艺出版社	2023年
14	周奕菲	2023届	《自渡》	海峡文艺出版社	2023年

2015—2022年厦大附中学生在全国新概念作文大赛的获奖情况

获奖时间	学生	大赛名称	奖项
2016	林怡莹	第18届全国新概念作文大赛	一等奖
2016	庄子鲲	第18届全国新概念作文大赛	一等奖
2016	张煜	第18届全国新概念作文大赛	二等奖
2016	胡斯琪	第18届全国新概念作文大赛	二等奖
2016	黄雯	第18届全国新概念作文大赛	二等奖
2017	游钰泓	第19届全国新概念作文大赛	二等奖
2019	陈炫齐	第21届全国新概念作文大赛	一等奖

续表

获奖时间	学生	大赛名称	奖项
2019	邹芷琪	第21届全国新概念作文大赛	二等奖
2019	张铃	第21届全国新概念作文大赛	二等奖
2019	黄巧丽	第21届全国新概念作文大赛	二等奖
2020	曾鹏凯	第22届全国新概念作文大赛	二等奖
2020	罗宽为	第22届全国新概念作文大赛	二等奖
2021	高静宜	第23届全国新概念作文大赛	一等奖
2021	陈妍言	第23届全国新概念作文大赛	二等奖
2021	陈琦妍	第23届全国新概念作文大赛	二等奖
2021	罗昊扬	第23届全国新概念作文大赛	二等奖
2022	何苗	第24届全国新概念作文大赛	二等奖
2022	陈书灵	第24届全国新概念作文大赛	二等奖

部分写作特长生被高校录取情况

姓名	写作主要成果	成果时间	录取高校
林宇菁	第十三届全国中小学生创新作文大赛（高中组）现场总决赛全国二等奖；第三届"小作家杯"全国中小学生征文大赛全国一等奖；在《中国校园文学》《中学生阅读》《读写》《全国优秀作文选》等CN期刊公开发表文章14篇。	2016—2019	北京大学
陈炫齐	出版作品集《跳房子》，第21届全国新概念作文大赛一等奖。	2021	北京大学
何为	在CN期刊公开发表文章15篇。	2020	清华大学
陈昱亮	第十二届"叶圣陶杯"全国中学生新作文大赛现场决赛全国一等奖；第十七届"新作文杯"放胆作文大赛全国特等奖；在《中国校园文学》等杂志发表文章15篇。	2016—2019	复旦大学
曾鹏凯	第22届全国新概念作文大赛二等奖。	2020	复旦大学

续表

姓名	写作主要成果	成果时间	录取高校
卢诗颖	第十一届全国中小学生创新作文大赛暨全国中小学生阅读能力大赛网络赛区决赛全国二等奖;第十八届"语文报杯"全国中学生作文大赛省三等奖;在CN杂志发表文章14篇。	2016—2019	上海交通大学
韩懿洁	第十九届"语文报杯"全国中学生作文大赛全国三等奖;第四届"小作家杯"全国中小学生征文大赛全国三等奖;在《中国校园文学》等杂志发表文章27篇。	2016—2019	浙江大学
戴子琦	第十一届全国中小学生创新作文大赛暨全国中小学生阅读能力大赛网络赛区决赛全国二等奖;在《美文》等杂志发表文章10篇。	2016—2019	浙江大学
陈佳妍	第十一届全国中小学生创新作文大赛暨全国中小学生阅读能力大赛网络赛区决赛全国三等奖;第四届"小作家杯"全国中小学生征文大赛全国三等奖;在CN刊物发表文章2篇。	2016—2019	中国科学技术大学
王艺潼	出版作品集《挑个时间的缝隙活着》;第十二届"叶圣陶杯"全国中学生新作文大赛现场决赛一等奖;第十一届全国中小学生创新作文大赛暨全国中小学生阅读能力大赛网络赛区决赛全国一等奖;首届义乌"骆宾王"国际儿童诗歌大赛(现场总决赛)三等奖;第十八届"语文报杯"全国中学生作文大赛省三等奖;在《散文诗》《中国校园文学》《全国优秀作文选》《美文》等CN杂志发表文章62篇。	2016—2019	中国人民大学
林舒晴	出版作品集《掌中矩阵》;第三届"小作家杯"全国中小学生征文大赛全国一等奖;福建省作家协会会员。	2016—2019	中国人民大学
柳梦瑜	第十七届"叶圣陶杯"全国中学生新作文大赛初赛一等奖;在CN杂志发表文章6篇。	2021	中国人民大学

续表

姓名	写作主要成果	成果时间	录取高校
李昱圻	出版《野马集》（古体诗词集）。	2019	南京大学
朱凤仪	第十一届全国中小学生创新作文大赛暨全国中小学生阅读能力大赛网络赛区决赛全国二等奖；第十二届"叶圣陶杯"全国中学生新作文大赛全国二等奖；第十六届"雨花奖"全国中小学生作文大赛全国二等奖；2018年"文心杯"全国中学师生作文大赛全国一等奖；在《中国校园文学》等CN杂志发表文章24篇。	2016—2019	南京大学
叶诗骁	第十三届"叶圣陶杯"全国中学生新作文大赛全国三等奖；在CN刊物发表文章4篇。	2016—2019	武汉大学
陈致至	出版作品集《从何说起》。	2018—2019	中山大学
杨森婷	出版作品集《一去若回来》；第十一届全国中小学生创新作文大赛暨全国中小学生阅读能力大赛网络赛区决赛全国特等奖；第十二届全国中小学生创新作文大赛现场决赛高中组全国二等奖；第三届海峡两岸学生在线微作文大赛（总决赛）一等奖；第二届汪曾祺散文奖"我的老师"征文大赛学生组全国三等奖；第三届"小作家杯"全国中小学生征文大赛全国一等奖；第十二届"叶圣陶杯"全国中学生新作文大赛全国三等奖；在《中国校园文学》等CN杂志发表文章29篇。	2016—2019	北京师范大学
陈靖茜	第五届"小作家杯"全国中小学生征文大赛全国三等奖；第十七届"新作文杯"放胆作文大赛全国三等奖；在《中国校园文学》等CN杂志发表文章10篇。	2016—2019	北京师范大学
罗景荣	第十一届全国中小学生创新作文大赛暨全国中小学生阅读能力大赛网络赛区决赛全国三等奖；第四届"小作家杯"全国中小学生征文大赛全国二等奖；在CN杂志发表文章5篇。	2016—2019	华东师范大学

续表

姓名	写作主要成果	成果时间	录取高校
郭洁滢	第十九届"语文报杯"全国中学生作文大赛省二等奖;第十六届"雨花奖"全国中小学生作文大赛全国二等奖;第四届"小作家杯"全国中小学生征文大赛全国三等奖;在CN杂志发表文章4篇。	2016—2019	华中师范大学
朱香凝	2019年"文心杯"全国中学师生作文大赛学生组二等奖;在CN杂志发表文章8篇。	2021	北京航空航天大学
汤亚婕	第20届"语文报杯"全国中学生作文大赛特等奖,首届梁衡作文奖。	2016—2019	中央戏剧学院
张恬语	第四、五届"小作家杯"全国中小学生征文大赛全国三等奖;第十一届全国中小学生创新作文大赛暨全国中小学生阅读能力大赛网络赛区决赛全国三等奖;在CN杂志发表文章2篇。	2016—2019	上海戏剧学院
康辰盈	第十二届"叶圣陶杯"全国中学生新作文大赛现场决赛全国一等奖;第十九届"语文报杯"全国中学生作文大赛省三等奖;第四届"小作家杯"全国中小学生征文大赛全国三等奖;在CN杂志发表文章1篇。	2016—2019	中国政法大学
邹芷琦	第21届新概念作文大赛（B组）（福建5人）二等奖;在《萌芽》等CN杂志发表文章19篇。	2016—2019	华东政法大学
郑钦璐	第十七届"新作文杯"放胆作文大赛全国一等奖;第三届"小作家杯"全国中小学生征文大赛三等奖;在CN杂志发表文章7篇。	2016—2019	中南财经政法大学
颜嘉琪	第十一届全国中小学生创新作文大赛暨全国中小学生阅读能力大赛网络赛区决赛全国三等奖;第十二届创新作文大赛复赛高中组全国三等奖;第四届"小作家杯"全国中小学生征文大赛全国三等奖;在CN杂志发表文章12篇。	2016—2019	华南理工大学

续表

姓名	写作主要成果	成果时间	录取高校
李力佳	新概念作文大赛入围奖；第十一届全国中小学生创新作文大赛暨全国中小学生阅读能力大赛网络赛区决赛全国二等奖；在 CN 杂志发表文章 4 篇。	2016—2019	华南理工大学
林彦辰	出版作品集《想象中的远行》。	2016—2019	厦门大学
林继超	第十三届"叶圣陶杯"全国中学生新作文大赛全国二等奖；第三届"小作家杯"全国中小学生征文大赛全国三等奖；在 CN 期刊公开发表文章 12 篇。	2016—2019	厦门大学
李炜鑫	第四届"小作家杯"全国中小学生征文大赛全国二等奖；在《中国校园文学》等 CN 期刊公开发表文章 8 篇。	2016—2019	厦门大学
洪琦贤	第十八届"语文报杯"全国中学生作文大赛全国二等奖；视野第二届全国中学生作文大赛全国二等奖；第三届"小作家杯"全国中小学生征文大赛全国二等奖；在 CN 期刊公开发表文章 4 篇。	2016—2019	四川大学
黄雯	第 18 届全国新概念作文大赛二等奖；在 CN 期刊公开发表文章 5 篇。	2016—2019	四川大学
张志超	第十一届全国中小学生创新作文大赛暨全国中小学生阅读能力大赛网络赛区决赛全国一等奖；在 CN 期刊公开发表文章 2 篇。	2016—2019	西北工业大学
刘煜晗	第二届全国中学生作文大赛一等奖；在 CN 杂志发表文章 10 篇。	2016—2019	湖南大学
李晨涵	第十二届创新作文大赛复赛高中组全国三等奖；第三届"小作家杯"全国中小学生征文大赛全国三等奖；在《散文诗》《中国校园文学》等杂志发表文章 7 篇。	2016—2019	山东大学

续表

姓名	写作主要成果	成果时间	录取高校
邹欣怡	第十一届全国中小学生创新作文大赛暨全国中小学生阅读能力大赛网络赛区决赛全国二等奖；全国中学生"2018年国际植物日"征文大赛全国三等奖；在CN杂志发表文章14篇。	2016—2019	东北大学
林欣霖	第十一届全国中小学生创新作文大赛暨全国中小学生阅读能力大赛网络赛区决赛全国一等奖；第四届"小作家杯"全国中小学生征文大赛全国三等奖；在《散文诗》等杂志发表文章27篇。	2016—2019	北京林业大学
蔡哲明	第十一届全国中小学生创新作文大赛暨全国中小学生阅读能力大赛网络赛区决赛全国一等奖；第十二届创新作文大赛复赛高中组全国二等奖；在CN杂志发表文章6篇。	2016—2019	北京邮电大学

(2) 从"下水"到"上岸"，引领教师走向专业

学生的写作之路上，教师是重要的引路人。教师能够写，常常写，写得好，对学生写作有显而易见的示范作用。厦大附中长期坚持师生共写，校内外刊物上的教师作品同刊"比美"独成风景。学校还举办教师"下水文"写作大赛，多种形式刺激积极写作氛围的形成，出现了学生写，老师写，校长写，家长写……的神奇能量场。

"下水"实践，"上岸"指导。语文组教师在写作实践中总结经验，在写作教学中探索规律，形成丰富的理论文章，在《作文与考试》《语文教学与研究》等诸多刊物上发表，多名教师成为知名刊物的特约编辑和顾问。此外，不断提升文本解读能力，追求课堂个性风格，深化理论研究水平，多人次在省市教学解读、技能大赛等比赛中获奖。先后开设校本课程近20门，细化写作门类，联合美学、影视、哲史等学科，服务学生的个性化、深度化写作。省市区各级相关课题研究近10个，实现在实践中深化教学，在研究中促进教学理解与团队合作。

与读写相关的校本课程

序号	课程名称	开课人
1	时评例析	姚跃林
2	诗歌创作	邬双
3	中华传统文化与应用文写作	廖敏
4	电影艺术与写作	高良连

近年与"校园写作"有关的课题

课题名称	负责人	审批部门
基于内驱力降低理念的高中生自主写作教学研究	高良连	福建省普教室
基于核心素养的高中生"语文读写及发表一体化"教学实践研究	邬双	漳州市教科院
中学生乡土写作探究与实践	卫保	漳州市教科院
初中自然生源学生读写能力提升探究	孙胜男	漳州开发区教育局
电影欣赏与中学写作教学实践研究	邬双	漳州开发区教育局
中学生思辨读写能力培养策略研究	陈黎铃	漳州开发区教育局
议论文写作细讲与写作实践	孙倩	漳州开发区教育局
中学生写作能力提升方法探究	顾世菊	厦门大学附属实验中学
统编版初高中教材写作系统研究	倪农	厦门大学附属实验中学

（3）从校内到国内，形成校园特有文化

在校内，观澜文学社牵头组织形式多样的文学活动，负责校刊《观澜》报、电子刊物《言蹊》、杂志《亦乐园》的组稿编辑，构建了厦大附

中学生发表作品的初级平台。近年来，文学社还与厦门大学黑眸子杂志社、北师大海沧附校南铎文学社、莆田五中山花文学社、杭州余杭高级中学天鸡文学社等展开交流，打开视野，取长补短。

交流促进发展，厦大附中践行"请进来"与"走出去"相结合的对外交流理念。邀请杂志编辑来校讲学，如《萌芽》《作文通讯》《课堂内外》等杂志，服务学生写作需求；与厦门大学中文系、开发区小作家协会、闽南日报小记者团、漳州《0596诗刊》编辑团队建立紧密联系。随着校园写作对外影响半径的逐渐扩大，我校多位教师受邀赴福建莆田、厦门及山东等地交流学习，开设讲座，分享我校写作教学的经验及成果，传播附中校园文化及办学理念。2021年，"山海情：厦大附中'校园写作'办学特色走进苏区宁化""比邻情：厦大附中'校园写作'办学特色走进鳌冠学校"两场讲座分别在福建宁化一中、厦门鳌冠学校成功举行，收获两校同行的高度评价。

厦门附中"校园写作"办学特色走进苏区宁化教研活动

2. 探索与经验

"校园写作，润泽生命"这颗种子在厦大附中师生共同的精心培育下，已在附中扎下深根，舒展枝叶，长成一棵茁壮繁茂的文化之树。我们也在十多年的实践中探索出了一些自己的经验。

（1）内外贯通，构建"双课堂"写作机制

打通课内课外界限，在生活中积淀写作灵感，在展示中收获写作快乐，在比赛中提升写作能力。

鼓励自由写作，着眼培养学生做一个热爱生活、关注附近的人。人人拥有"周记本"，学生用心记录，教师精心点评，既有文学交流，更有思想碰撞，师生共生，"生声不息"。兼具美育与休闲双重功能的周末电影活动鼓励学生高中三年观影 30 部，学习鉴赏电影艺术，观写结合，促进思考与表达。倡导学生关注乡土，书写乡土，在乡土平台上发表，从开发区诗文集《伯阳吟诵》，到漳州《闽南日报》，再到《厦门日报》《厦门晚报》，在乡土写作乡土发表的过程中深化学生对地域空间的认识和对文化寻根的理解。

开拓发表阵地，完善班校报刊、闽漳平台、全国报刊的三级发表阵地。倡导学生不但以写作表达自我，还要以写作实现交流，用写作的触角突破个体的狭隘，去探索更广阔的生命空间。

搭建校内赛事、市县区赛事、全国性赛事、顶级赛事的四层展示平台。校区"亦乐杯"作文大赛是起点，一等奖作品结集汇编；禁毒征文、文明旅游征文、美食征文等市县区特色赛事积极动员学生参与；积极参与"叶圣陶杯""语文报杯""小作家杯"等全国性赛事和"创新作文""新概念作文"等顶级赛事，全体语文教师积极备赛，形成合力，集体报名、指导写作、组织投稿、赛前培训、老师带队参赛，组织专业化、过程流程化、指导精细化的参赛模式已经成熟。

（2）软硬结合，"多样化"读书行为规划

我校拥有一幢 6240.4 平方米的现代图书馆，规划功能齐全，目前图书馆内设有采编室、书库、借书处、阅览室、电子阅览室、文学馆。藏书 14 万册，现刊 240 多种，电子图书、报刊 3000 多种，20 多万册。推行"你荐书，我买单"活动，且与厦门大学本部、分校图书馆"一卡相通，无线互联"，实现资源共享。图书馆还与校团委联合举办书香校园活动，评选阅读之星、书香班级，进行新书推荐，提高图书馆利用率。

依托优良的硬件设施，开设整班阅读课。每个班级每个月排有两次阅读课，到文学馆现场阅读。此外还可以整班借书共读，以阅读促写作。

图书馆与年段、语文组紧密配合，举办"名著阅读""走进经典"等讲座，开展读名著写书评、优秀读书笔记展示等活动，与经典为伴，和圣人同行，在阅读中思考，在思考中写作。

师生读书交流会与"世界读书日"活动相结合，邀请老师和同学分享触动自己的美文、好书，并带来个性化的解读，形成了全校师生多读书、读好书的良好氛围。

（3）教研相长，"校本化"课程课题助推

2020年厦大附中成立了"校园写作"工作室，成员由7位骨干语文教师组成。大家通力合作，通过公开课、写作讲座、个别指导、开设校本课程、开展课题研究等全方位渠道，打造面向学情、面向本质、面向生命的写作教学校园生态，制作"校园写作，润泽生命"办学特色发展规划，设立"校园写作考级"制度。

3. 反思与设想

写作和生命都是动态的过程，关注个体生命与写作过程的横向差异性和纵向变化性，需要更系统深入的理论研究和实践探索。

润泽生命是潜移默化、综合影响的过程，写作只是手段中的一维，营造德育、美育良好的整体氛围才能使其作用最大化。

校园具有空间局限性，而写作和生命都有冲破局限的内在要求。让校园有更多元的风景丰富学生的生命体验和写作资源，让校园写作更广泛地辐射校外生活空间，都还有待继续努力。

校园写作是阶段性的，而润泽生命是长期性乃至终生性的。要认识到校园写作只是写作的起点，阶段目标的实现固然重要，培养适应终生发展和社会发展需要的核心素养则是根本目的。

践行"培育一流的教育服务品质，用合适的教育办学生喜欢的学校"办学理念，在软硬件综合配置下，立足校园写作，全力服务学生人文素养培育，无论于单独的学生个体，还是当前教育的整体，相信我们的探索都是有意义的。

第七章

智慧校园微服务　温馨校园似家园

一、智慧校园，助力服务品质提升

建校伊始，学校校园信息化建设定位是"厦门大学附属实验中学将与厦门大学共享校园网络系统和教育教学管理资源，拥有国内一流的数字网络教学系统、电子办公系统；拥有数字图书馆库；通过固定网、移动网和视频网'三网合一'的校园网络结构，构建数字化学习环境。她将是一所集信息、生态、艺术为一体的高水准、高质量的特色校园。"目前，学校实现无缝链接厦门大学的数字资源平台，享受高校教育资源，同时学校已建成高速、稳定、安全的"三网合一"的校园网络系统。围绕着"培育和提升一流的教育服务品质，用合适的教育办学生喜欢的学校"的办学宗旨，学校提出"构建智慧校园，助力服务品质提升"的智慧校园建设目标。其内涵是建设成"绿色节能型、平安和谐型、科学决策型、服务便捷型"的校园，是无处不在的互联学习、融合创新的在线教研、透明高效的校务治理、丰富多彩的校园文化、方便周到的校园生活。

聚焦智慧校园建设，2017年当地政府将学校的智慧校园纳入智慧城市建设体系中，统一规划、集中实施。目前投入五百多万元，完成智慧校园一期、二期建设，无纸化办公系统、校友综合平台、校本课程平台、综合素质评价系统、电子班牌平台、无感知考勤系统以及数据中心等陆续投入使用，其中教师请假、故障报修、自主选课、教师评价等全程线上操作，有效提升服务品质，极大提高学校信息化管理水平。学校的门户网站，作为对外窗口，网站内容更新快，栏目齐全，信息丰富，已成为家校联系的重要纽带。今后将开展智慧校园三期、四期建设，最终建设成为学生、家长、教师、学校管理者提供安全、高效、节能、便捷的智慧校园平台，实现校园内数据间的互通互联互享，为师生提供智能化的管理和个性化的服务。

落实国家教育信息化2.0行动，积极开展人工智能教育研究与实践，推进信息技术与学科课程有效融合。2021年初，学校同爱果冻科技联合共建人工智能教育研究中心，开展人工智能技术和教育教学融合的研究和应用，探索在"双减"背景下智能辅助学习的实践。目前共建的智能自习室已投入使用，课后延时期间有40位同学在室内体验智能学习机提供的便利。学生可通过学生端App清楚地看到自己当天的作业任务清单以及每项任务所需用时，学生端App还会根据学生的错题数据，为学生推送智能练习册；教师可通过教师端App给学生批改作业，为学生答疑解惑；家长亦可通过家长端App同步了解学生课业情况。学校创立人工智能自习室，是希望充分利用人工智能技术为学生减负，通过课业全流程科学管理，为学生提供智能、高效、专注的课后学习场所，帮助学生提高学习效率，协助教师轻松、高效地完成课后服务。每年的校园文化月举办智慧学习体验活动，通过智能学习体验、素质课业体验、VR运动锻炼体验，充分感受智能学习的活力与魅力。同时利用高校资源，积极开展创客教育。2020年学校同厦门大学嘉庚学院、厦门自动化学会开展共建创客教育活动。积极推进信息技术与学科课程有效融合，陆续开展"智慧学习环境下课堂教学创新"比赛、"信息技术与学科教学深度融合"比武活动、学生创意编程大赛等，进一步提升课堂教学与信息技术深度融合水平，提高师生信息素养，锻炼智慧学习环境下课程资源的开发与应用能力。

二、附中餐饮，暖心烹饪家的味道

"六年尝遍人间暖，十年食得厦大餐。"这是某位校友考上厦门大学后留下的"名言"。她就读附中初中3年，高中3年，厦门大学本科读4年，整整10年在厦大餐饮用餐。作为厦门大学的附属学校，食堂自2009年开办就由厦门大学后勤集团饮食中心经营，依托其"5D"现场管理模式，原材料的采购、验收，菜肴的制作等实行规范化管理。食堂始终秉承学校"教育无非服务"的理念，积极营造"厦大餐饮、家的味道"，全心全意为广大师生做好后勤餐饮服务保障工作。食堂共四层，一楼为进货通道和仓库，二至四层为餐厅供餐区域。其中二楼配置948个座位，三楼配置872个座位，四楼配置216个座位，可同时容纳2036人用餐。食堂现有员工63名，其中就有福建省餐饮烹饪协会授予的"福建闽菜大师"大厨和全国海鲜比赛获得金奖的高级厨师，附中学生可以享受到酒店级别的味蕾体验。食堂每周定期推出两个新菜肴，酱香牛肉、蒜泥白肉、砂锅鱼头煲、干煎银鳕鱼、粉蒸肉、清蒸白玉卷、猪肉炖粉条等菜肴深受广大师生欢迎。

"学校请你回家吃饭"是校友圈广为流传的一句话。2012年附中才有第一届高中毕业生，这些校友大多数家在百里以外，最远的有五百多里，专门回母校一趟不容易，学校周边用餐也不方便。当时学校就研究，今后校友回校，在食堂只要记账签字即可用餐。有位同学知道这个信息后在微博发了条《厦大附中校园新鲜事》，"通知：毕业生回母校，到食堂专门窗口可以免费点餐，只需跟点菜的阿姨说是从母校毕业的学生即可"。2012年寒假，部分同学一放假就回到学校，甚至有的同学还没回家就直接从机场跑到母校来。他们不是在乎那顿免费餐，主要是怀念附中的校园和老师。现在，每年的寒暑假，校友们都会相约着回到附中看看校园，见见老师，尝尝食堂美食。从首届高考开始，食堂持续10年在高考期间为考生提供免费午餐，午餐以套餐为主，营养丰富，搭配合理，让学生可以安心、从容地参加下午的考试。另外，元宵、冬至等传统节日也为在校师生提供免费的汤圆。每年校园文化月的"美食周"和"饺子宴"，成为许多校友美好的回忆。一位2019届校友陈同学寄了一封明信片，写着"致打汤的那位眼睛圆圆笑容亲切的大叔：在附中生活六年，是您，让平凡的汤成了一件值得期待的小事，怀念端汤时与您眼神交会时的点头致意，谢谢您的照顾！附中的饭菜，永远是家的味道"。"办学生喜欢的学校"，食堂一直践行着。

"六年尝遍人间暖"，这是学生的感受。是全体教职工温暖了学生，学生也温暖了学校，学校在办有温度的教育。一位2022届毕业生给食堂一位林厨师留言："想问问咱们附中食堂蛋羹是怎么做的，我肠胃不好，经常没有食欲，但是食堂蛋羹陪了我三年，现在毕业了，很想在家也喝上蛋羹，试了好几次，做不到一样的口感。"林师傅看到留言，马上发过去长长的一段附中蛋羹做法，并温馨提示："做好了记得拍给我看一下，有什么不懂的可以随时问我。"该同学发了自己做的蛋羹图片，林大厨点了四个赞。这样的故事在附中校园经常发生。高二8班黄同学给食堂两位阿姨写了感谢信，信中说："非常感谢你们在我腿受伤时背我，搀扶着我上楼梯，从食堂的大榕树到宿舍楼，这一段对我来说艰难又漫长的距离，在你们的帮助下变得温暖又安心。看到你们气喘吁吁、体力不支时仍坚持背我的时候，明明自己也满身大汗、累得说话不连贯时仍一句一句心疼我、鼓励我的时候，我真的发自内心感谢你们！"附中的学生也懂得感恩，寒假前一位陈同学跑到食堂后厨同某位食堂员工交流着，手里还拿着个本子，原来是这位同学想留这个阿姨的电话，说这个阿姨很照顾她，快放假了，过年给阿姨电话拜年。"教育无非服务，服务是一种信仰"，是学校的办学指南，也深刻影响着食堂员工，成为他们的行动指南。

三、舒适宿舍，精心营造家的温馨

厦大附中学生宿舍共有6栋571间，每栋宿舍都是白色墙面和红色琉璃瓦屋顶，与校园建筑融为一体，传承厦大的建筑风格。宿舍区与食堂紧邻，构成厦大附中学生生活区。生活区内设有九思广场，孔子曰："君子有九思：视思明，听思聪，色思温，貌思恭，言思忠，事思敬，疑思问，忿思难，见得思义。"提示同学们一言一行都要认真思考和自我反省，注重自我品德的修养。九思广场中间立一雕塑——怒放，飞扬的青春、怒放的生命，该雕塑寓意每个学生要发掘自身的潜能和才华，像朝阳一样光芒绽放，成长为身心健康、充满活力、品德高尚、志向远大的社会主义建设者和接班人。

厦大附中学生宿舍顶层都设计为架空层，避免夏天阳光直晒屋顶导致宿舍内部温度过高。每间宿舍面积27平方米，四人一间，有独立的阳台、卫生间和盥洗室，还有空调，24小时供应冷气热水，满足学生生活对"温度"的需求。宿舍每个楼层配有公共的洗衣间、公共饮水机，每栋宿舍配有近十台洗烘一体自助洗衣机供学生冬天洗衣之用。宿舍内部是四张0.9米宽、2.0米长的高位床，床铺底下是书架、书桌和衣柜，书桌下方设有鞋架。宿舍设施齐全，学生居住条件完善，宿舍是附中学子有"温度"的家。

厦大附中学生公共区域卫生由物业保洁人员负责打扫，学生只负责宿舍内部卫生，这样既可以减轻学生卫生任务，又适当地培养学生劳动能力。"一屋不扫何以扫天下"，学校鼓励同学们每天都要保持宿舍干净卫生，物品摆放整齐，并爱护学校公物。各年段宿舍自律委员会成员每天晚自习过后检查学生宿舍纪律，对个别"喧闹"者进行劝阻，登记每天晚上学生宿舍情况反馈给年段长。宿管老师每周对宿舍进行定时检查和随机抽查，并综合评比，评选星级宿舍，引导学生养成良好生活习惯。在引导下管理，在管理中引导，培育附中学子的"担当"意识。

刘澜清同学在《闽南日报》教育周刊（2022年3月24日版）写道："她身上有很多美好的东西，她常常叮嘱同学不要学得太晚，一定要保证睡眠时间；她常常半夜陪生病的同学去看校医；天气转凉时她会提醒同学要多加衣服；下雨时提醒同学小心路滑……""她"就是我们附中的宿管老师。为了满足学生对电源的需求（宿舍内没有电源），总务处安排电工在宿舍每个楼层公共洗衣间安装插座供学生使用。为解决部分同学在宿舍熄灯后仍要自主学习的需求，附中学生宿舍设有通宵自习室，但学校并不鼓励学生开夜车、熬夜自习。宿管老师关怀同学，学校全员服务学生，宿舍是附中学子的"爱心"之家。

设计与设施结合，营造"温度"之家，管理与引导结合，培育"担当"之家，关怀与服务结合，共建"爱心"之家。家是温馨的港湾，附中宿舍是温馨的家，这里有学习的拼搏与奋斗，有生活的欢歌与笑语，有老师的关心与呵护，有室友的谦让与包容，有时光的考验与沉淀，这就是同学们温馨的家。

四、合理提议，及时研究马上就办

"马上就办"，是学校提倡"教育无非服务"的重要标志，是一种对工作有紧迫感、有责任感、有热情、有效率的体现。学校面积278.4亩，建筑面积近10万平方米，又是寄宿制学校，后勤服务工作量大，事项杂且细，单单卫生间就有六百多间，水龙头好几千个。每天在平安校园群、班主任群等平台反馈水龙头漏水的就不少，学校要求物业和食堂工作人员收到报修问题，马上就处理，未能及时处理的要做好解释工作。学生反馈的问题大多都能够得到及时有效的处理。有一位初一新生的外公找到学校领导，希望学校帮忙做件事。原来这位新生夜里睡觉不稳，常常半夜突然坐起来，然后又稀里糊涂地随便倒下。为了确保安全，家里是将席梦思放在地上，让他席地而睡。学校的宿舍是上床下桌，他担心外孙睡在上面不安全，询问学校能否允许他自费将床铺的护栏加高。学校领导回复，改造没问题！家长提出要求，我们按照要求改造到位，不可能让家长出钱，保证学生的安全是学校的首要责任。学校按照他的要求，不到两天就将床改造成他满意的样子。办学生喜欢的学校，也是办家长信任的学校。

学校餐厅就餐秩序一直非常好，但在最高峰的时候排队的时间过长，其中有设置不合理的因素。李彬峰同学提了好建议：在食堂距卖饭窗口3米处，设置一个"一米线"区域，有效解决打完菜后取汤时要穿过好几个列队，一不小心被撞到菜盘的问题。学校认为是金点子，马上划线实施，并在学校大会上给予表扬。以前每到周日下午，经常有一批滑板运动爱好者偷偷在校园内的校道、九思广场或艺术馆一楼玩滑板。为了安全考虑，校领导提议周日下午将敏行广场设为滑板区，竖块牌子，注明时间，强调安全。校党委会表决一致同意，马上安排有关部门处理。没过几天，一块蓝底白字的牌子就挂在灯柱上。后来这个区域每周日下午成为滑板爱好者的天地。

五、森林校园，安全港湾诗意盎然

（一）森林校园，草长莺飞

2021 年《厦大附中：面朝大海的森林校园》短视频在众多平台上获得关注和点赞，画面唯美，富有诗意。有位校友在平台上留言："又想念了。还记得在宿舍阳台看海的日子。还有亦乐山上的波斯菊。大草坪上的红茅草。炽热的火焰木。离别的凤凰花。"这个视频由学校策划、贾嵘彬老师拍摄和制作，也获得第三届"富美新漳州"全市校园微拍大赛一等奖。在这个"森林校园"里，被录入《厦大附中校园植物名录》的植物有 121 种，其中乔木有近 2000 棵。此外，还有学生种植的萝卜、青菜等二十余种蔬菜瓜果。长年在校园里栖息的飞鸟就有白头鹎、北红尾鸲、叉尾太阳鸟、黑喉红臀鹎、红耳鹎、红胁绣眼鸟、灰短脚鹎、鹊鸲、乌鸫、棕背伯劳等十余种。偶尔来访的还有白鹭等过客。松鼠随处可见，它们不仅是树上的主人，也是图书馆、艺术馆里的常客。甚至无毒的草花蛇，蛙声一片的夏夜里会不时溜进行政楼的门厅，昂首凝视屏风上的校训"自强不息，止于至善"。蜻蜓、蝴蝶、蜗牛、非洲螺、蚯蚓、青蛙、蛤蟆，还有众多的昆虫等，也是校园的常客。

校园遍地是落叶，教学楼的每一层教室走廊外面都有空中花池，知行楼外墙爬满爬山虎，绿了红，红了绿，俨然"常青藤"学校。在学生眼里，附中校园是什么样子的？蔡奕晨同学在《我与草木，我与附中》中写道："要是有人让我用一种颜色形容附中，我一定会回答他——草木新芽的嫩绿色。""比起那些插在城市缝隙中的中学，附中更像是一座世外桃源。"原高一 9 班的王灿滢在《共倚凤凰木》中写道："我想，自己深深迷恋附中的原因之一，便是这满校的草木吧。目之所往，绿意恣肆。"绿色校园，已成为学生生活的天然氧吧，也让教育有了许多诗意。

（二）平安校园，安全港湾

美丽校园里学生快乐地学习着，学校也通过多种措施筑起学生生活的安全港湾，保护着学生健康成长。以创建省 5A 平安校园为抓手，有序推进校园安全建设。学校多年来持续推进"省5A平安校园"创建工作，持续巩固提升创建工作成果，努力构建和谐教书育人环境，严格落实安全管理责任，稳步提升安全管理水平，努力实现"两个更加、三个持续、四个遏制"的安全工作目标。在学校安全领导小组的组织领导下，全力维护校园政治稳定，健全校园治安防控体系，落实校园防欺凌等专项教育，筑牢平安校园工作根基，加强校园安全教育和应急演练，多渠道多形式进行安全主题教育活动。在日常安全管理中，学校不断完善各项安全制度，严格落实安全责任体系。加大经费投入，完善各项安全设施设备。学校行政干部身体力行，深入学生，积极奉献，以校为家。学校与开发区综治、公安等部门配合紧密，保证了学校治安秩序良好，师生满意率较高。

高中部是全封闭寄宿制，校园安全工作更为复杂。因此学校建立了全员参与的24小时校园安全值班机制，及时发现并消除安全隐患。除物业后勤配有16个保安岗位（24小时轮岗）外，学校每天白天安排三名教师负责巡查值班，晚上安排两名行政干部住校值班。在初中部走读学生上下学时间，校园东、南、西三个大门还安排三位教师巡防，尤其是南门红绿灯的护学岗，值班教师多年来持之以恒，坚守岗位。建校初就建立的"厦大附中平安校园工作群"里目前共有68名成员，有行政干部、年段长、教研组长和党员教师。大家始终铭记校园安全建设是不可松懈的底线，是学校教育教学的坚强后盾。每天24小时的值班工作中，大家及时反馈校园师生工作和学习动态，认真细致发现安全隐患，及时反馈协调和处理，学校各部门通力合作，确保校园安全有序。多年来，工作群发挥了强大的功能，及时处理和解决了许多安全隐患和突发事件，为厦大附中的和谐平安校园建设提供了最强大的保障。

（三）未雨绸缪，防范未然

学校重视学生的安全教育，多渠道多形式地开展校园安全教育。结合我校学生特点，定期开展了交通安全教育、疫情防控（传染病预防）宣传教育、食品卫生安全教育、防溺水教育、防欺凌（防性侵）教育、防诈骗教育、网络安全教育、消防安全教育和防震逃生教育等。在每天的晨会或早操后，分管德育和安全的廖建勤副校长和德育处李志源主任，坚持常规安全规范教育，安全教育深入渗透学生心中；通过校南门电子显示屏，宣传安全教育；重视板报和橱窗的宣传作用，定期开展板报和宣传栏评比；定期开展安全主题班会并进行班主任课件评优；通过家长信和家长 QQ（微信）群，定期发送安全教育材料；定期召开家长会和家长学校讲座，家校配合，共筑安全堡垒。

　　学生的安全问题始终是学校工作重中之重。2022 年 4 月，教育部下发了《教育部办公厅关于印发〈全国依法治校示范校创建指南（中小学）〉的通知》（以下简称《通知》）。《通知》明确了依法治校、制度完备、全面施教等十个方面的具体要求，并在"安全有序"方面明确提出了"全员购买校方责任险或者校园综合险，通过校方责任险、校园综合险等途径，建立社会化的安全风险分担机制"的要求。学校各项教育工作需要安全有序开展，该如何为其保驾护航呢？首先，落实校方责任保险的上保工作。校方责任险是在校学生在校园内或者在学校组织的活动中发生意外事故时，以学校对学生依法应负的赔偿责任为保险标的保险。每学年初，德育处对学校在册的全体学生应保尽保。其次，鼓励学生自愿购买学生平安保险。青少年学生活泼好动，发生摔伤、磕碰等风险较大，为学生购买平安保险非常有必要。为保障学生安全，本着"把好事办好""自愿平等"的原则，附中在全员购买校方责任险的基础上，鼓励学生自愿购买学生平安保险，真正做到小钱办大事。从 2017 年至 2022 年，我校购买学生平安保险的人数逐年增加，2022—2023 学年，我校有近三分之二学生购买了学生平安保险。保险公司也积极为出现意外事故的学生做好理赔工作，真正做到及时高效赔付，使学校和学生有效地规避了许多风险。2017—2022 年，保险公司为我校学生共计赔付保险金额达 469217.8 元（见下表）。认真做好学生的保险工作，才能构筑起守护学生安全的坚强堡垒，这也是学生身心健康成长的稳定器。

厦大附中历年学生保险赔付金额汇总						
年度	2017 年	2018 年	2019 年	2020 年	2021 年	2022 年
赔付金额（元）	26781.12	8069.58	131899.98	42729.7	163483.62	96253.8

（四）你若安好，便是晴天

学生身体健康是成长的大事，学校医务室的建设不仅关系到学生的健康，也是校园安全的一个重要方面。学校医务室不仅仅担负着学生疾病的基本治疗，而且在疾病的防治、卫生教育方面发挥着重要作用。我校是公办完全中学，学生数逐年增长，现已接近 4000 人，加上高中部学生是寄宿制，住宿生有将近 1800 人，有效保障学生的身体健康是一项十分重要的工作。医务室主要围绕以下几个方面开展工作。

1. 学生健康体测工作。每学年均做好学生的健康体检工作，并进行特异体质调查，对全体学生的体质健康有初步了解。这些基础性工作为学校开展其他教育工作做好了准备，如一些不适合某些体育运动的特异体质学生情况，医务室都与班主任、体育老师作了有效沟通，以防在体育教学中出现意外事故。

2. 日常诊治工作。由于学生数量大，每天可能会出现不同的病种，医务室均能做好及时诊断，对于医务室不能处理的病症，也能及时进行转院就诊等处理。学校医务室的 24 小时服务，为全体师生的健康保驾护航。

3. 卫生督查教育工作。医务室围绕《学校医务室工作规章制度》及各项操作规章制度，以"健康安全第一，责任重于泰山"为工作指导思想，克服各种困难，认真落实学校卫生工作计划，对学生进行健康教育，培养学生良好的卫生习惯，监督检查学校的环境卫生、食堂卫生和教学区卫生等，努力为提高师生的健康水平服务。

4. 疫情防控工作。2020 年新冠疫情暴发以来，为防控疫情，医务室配合学校及上级主管部门的要求，认真学习与实践，掌握一手防控资料，进行多次演练，做好入学排查及每天的晨检、午检和晚检。同时，积极配合防疫部门、开发区医院，按上级卫生部门的要求做好、做实校园疫情防控。在大门处开设临时隔离点，在教学区、宿舍区设置隔离室，落实好校园防控要求，符合各级防疫卫生部门的检查要求。

厦大附中医务室近年就诊人数统计						
人次、学年	2017—2018	2018—2019	2019—2020	2020—2021	2021—2022	2022—2023学年（上）
就诊	13471	13611	11061	14727	13688	7158
夜诊	162	146	166	109	70	35
急诊	41	28	21	23	20	9
健康体检	2899	2944	3051	3038	3331	3690
核酸检测	0	0	0	0	44820	44565